승무원
인터뷰

필자는 항공사, 대학의 항공과, 대기업 강사 및 직원 채용 등 다양한 면접을 심사하며 놀라움을 금치 못했다. 지원자들의 화려한 스펙 때문이다. 하지만 붕어빵 틀에 똑같은 모양의 빵을 찍어내듯 자기 이야기가 없는 그저 그런 스피치에 이내 실망하게 된다. 그렇다면 과연 어떤 지원자가 승무원 고시라고 불릴 만큼 좁은 항공사 관문을 통과하는 걸까? 먼저 본질을 살펴보자. 항공 승무원은 사람의 마음을 잡아끄는 호감이 필요하다. 승무원이 전달하는 호감을 통해서 승객들은 항공사에 신뢰감을 갖게 되고 기내에서 편안한 시간을 보낼 수 있다. 이것은 이미 여러 관련 연구에서 발표되었다. 결국, 호감을 주는 승무원을 통해서 항공사는 기업의 이미지를 제고 할 수 있을 뿐만 아니라 이윤도 창출해낸다. 그렇다면 더욱 더 호감을 주는 승무원을 뽑는 것은 당연할 것이다.

그럼 그 중요한 호감이라는 것은 어떻게 전달될까? 대인 심리학에 의하면 사람들은 자연스러운 모습을 보이는 사람에게 가장 끌린다고 한다. 사람들은 이왕이면 마주했을 때 더 자연스럽고 편안한 사람하고, 오래 대화하고 싶어 하고 가까워지고 싶어 한다. 결국, 면접도 지원자와 면접관 사이의 커뮤니케이션인데, 커뮤니케이션이 추구하는 본질은 의사소통이다. 면접관의 질문에 뻔하고 교과서적인 답변만 늘

어놓는 ARS(Advanced Record System) 같은 지원자는 절대 면접관의 마음을 얻을 수가 없다. 흔히 항공 승무원 면접은 예쁘고 밝게 웃기, 친절하게 말하기가 중요하다고 생각하는 지원자들이 많다. 하지만 웃기만 하는 인형과 교감하는 사람은 없을 것이다. 본 책에서는 지원자가 가지고 있는 호감 요소를 최대한 잘 전달할 수 있는 방법을 기술하였다. 항공 승무원 면접의 채용 원리를 현실적이고 세심하게 보여주어, 항공 승무원 면접에 모호해하는 지원자들이 침착한 대응을 할 수 있도록 안내하였다.

처음부터 크고 멋진 성공이란 없다. 사람은 누구나 마음먹기에 따라 그 어떤 모습으로도 변화할 수 있다고 생각한다. 태도, 능력, 이미지, 자신감 등등. 그리고 그 변화를 통해 본인이 꿈꾸는 그 어떠한 일도 해낼 수 있다고 믿는다.

예비 승무원들이 부디 필자의 경험과 깨달음을 통해 인생을 성공적으로 이끌 수 있기를. 또한 그로 인해 행복해질 수 있기를 열렬히 응원한다.

저자 일동

차 례

3. 합격을 위한 면접 노하우_127

4. 국내 항공사 인터뷰의 실제_145

6. 남승무원_225

부록_245

Part
1

신뢰감을 전달하는 이미지 메이킹

자 세

1 자세의 중요성

　자세가 바른 사람이 점수도 잘 받는 것은 당연한 일이다. 보여주는 것이 굉장히 중요한 면접에서는 서 있는 자세와 앉아 있는 자세 모두 연습이 필요하다.

　특히, 스마트 폰을 많이 사용하는 여러분들에게 바른 자세란 꼭 필요하고도 중요한 부분이다.

　또한, 긴장되고 떨리는 면접장 안에서 바른 자세를 유지하기 위해서는 평상시 바른 자세를 유지하려고 노력해야 하며, 바른 자세가 몸에 익숙해져야 한다.

　그렇다면 어떻게 해야 바른 자세를 유지할 수 있는지 알아보고 연습하도록 한다.

2 서서 면접 보는 방법(남학생은 스튜어드 파트 참고)

　1. 발은 가지런히 붙여서 선다.
　2. 무릎을 붙인다. (항공사의 경우 무릎이 붙어 있는지가 굉장히 중요하다.)

3. 엉덩이와 아랫배에 힘을 준다.

4. 가슴과 어깨는 일자가 되도록 쫙 펴준다.

5. 공수 자세(오른손이 위)로 손을 가지런히 모아 배꼽 아래에 둔다. 이때 팔꿈치는 몸통 살짝 뒤에 있다고 생각한다.

6. 고개는 턱이 들리지 않도록 몸쪽으로 살짝 당기고 정면을 바라본다. (서서 면접을 보는 경우 면접관들은 앉아 있고, 여러분들은 서서 보기 때문에 나의 정면이 아닌 면접관과의 얼굴을 마주할 수 있는 정면이어 야 한다.)

7. 머리끝부터 발끝까지 일직선이 되어야 한다.

3

바른 자세 연습법

 이 연습 방법에서 포인트는 엉덩이와 어깨 양옆이 벽에 붙어 있는 지 확인하는 것이다.

 말린 어깨와 거북목 때문에 많은 친구들이 자세가 흔들리는데, 이런 경우 집에서 틈날 때마다 이 사진에 있는 자세를 기억해 연습한다면 예쁘고 바른 자세를 가질 수 있다.

4

앉아서 면접 보는 방법(영어인터뷰 또는 2차 임원 면접 시 앉아서 보는 경우)

 앉아 있는 자세 또한 서 있는 자세만큼 굉장히 중요하다.

영어 인터뷰를 볼 때 또는 어떤 항공사의 경우 2차 임원 면접 시 앉아서 진행되는 경우가 있는데, 집에서 앉아 있는 것처럼 편안하게 앉았을 경우 좋지 않은 결과를 불러올 수 있다.

1. 등받이에 절대 기대고 앉지 않는다.
2. 허리는 꼿꼿이 펴고 앉는다.
3. 손은 예쁘게 모아 치마 끝자락에 올려놓는다. (손을 너무 몸쪽으로 당겨 놓는 경우 치마가 뜨게 되어 면접관이 굉장히 부담스러운 경우가 발생할 수 있으니 주의!)
4. 다리는 가지런히 모아 한쪽으로 비스듬히 한다. (다리를 무심코 의자 안쪽으로 넣는 경우가 많은데, 그 경우 다리가 아주 짧아 보일 수 있으므로 다리는 의자보다 살짝 앞쪽으로 뻗는 것이 포인트)
5. 양어깨가 쫙 펴질 수 있도록 한다.
6. 어깨가 수평이 되는지 확인한다.

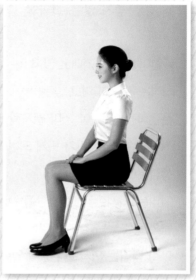

좋은 예시 – 앞모습   좋은 예시 – 옆모습

잘못된 예시 – 앞모습   잘못된 예시 – 옆모습

5 면접에 알맞은 인사법

　인사를 어떻게 하는가. 함께 들어간 조원들과의 인사가 그 면접조의 분위기를 좌우한다고 해도 과언이 아닐 것이다.

　인사할 때부터 조의 분위기가 바뀔 수 있다고 생각하고, 밝고 활기차게 인사하는 것이 중요하다. 또한, 속도나 각도가 따로 정해진 것은 아니기 때문에(인사 시 가장 좋은 각도는 45도) 함께 들어간 조원들과의 속도와 각도를 맞추는 것이 굉장히 중요한 부분이라고 할 수 있다. 그러므로 면접에 들어가기 전 면접장 앞에서 대기하고 있을 때 조원들과 미리 인사 연습을 하고 들어가는 것을 추천한다. (단, 면접에 방해가 되지 않도록 조용히 해야 한다는 점!)

1. 인사하기 전 미소 띤 얼굴로 아이컨텍 한다.

2. 활기차고 큰 목소리로 "안녕하십니까?"라고 인사한다.

3. 인사말을 마친 다음 천천히 내려간다.

4. 머리에서 엉덩이까지 굽어지지 않고 일직선인지 확인한다.

5. 잠시 멈췄다가 내려갈 때 보다 천천히 올라온다.

6. 상체를 숙이더라도 무릎이 떨어지지 않도록 신경 쓴다.

인사 - 앞모습

인사 - 옆모습

6
면접 시 바른 워킹 방법

"첫인상은 3초 안에 결정된다."라는 말이 있다. 아마 면접에서 첫인
상이 결정되는 순간은 문이 열리고 지원자들이 들어가는 그 순간이
라고 말할 수 있을 것이다. 실제 면접관으로 활동했을 당시 걸음걸이

가 이상한 지원자가 면접을 잘 보는 경우는 정말 드물었다. 그 말인 즉슨, 걸음걸이 또한 면접자의 성의의 부분이며, 미리 연습한다면 충분히 다듬을 수 있는 부분이다.

1. 발이 전방을 향해 일자가 되도록 한다.
2. 안쪽 무릎이 스치는 느낌이 들도록 걷는다.
3. 적당한 보폭을 유지한다.
4. 양팔은 자연스럽게 11자 평행을 이루도록 흔든다.
5. 정면을 바라봐야 하며 턱이 들리지 않도록 가슴 쪽으로 당긴 후 걸어간다.
6. 허리는 꼿꼿하게 세우되, 상체가 너무 뒤로 젖히지 않도록 한다.
7. 상체와 고개는 흔들리지 않도록 주의한다.

워킹 – 앞모습　　　　　　워킹 – 옆모습

표 정

1
표정의 중요성

표정은 우리의 첫인상을 결정짓는 가장 중요한 요소이기도 하며, 가장 먼저 보여주는 부분이기 때문에 굉장히 중요하다.

내가 실제로 면접관으로 활동할 당시 표정이 좋지 않은 사람을 뽑은 적은 단연코 한 명도 없었다고 말할 수 있을 정도로 승무원 면접에서는 표정이 중요하다.

실제로 처음 면접장에 들어올 때부터 표정이 예쁘고 좋았던 지원자의 경우 대답할 때 실수를 하거나 대답이 조금 부족하더라도 표정 덕분에 합격하는 경우는 있지만, 반대로 말은 굉장히 잘하더라도 표정이 좋지 않은 지원자는 뽑을 수가 없다.

또한, 많은 사람들이 '승무원은 무조건 예뻐야 한다.'라고 생각하지만, 전혀 그렇지 않다고 말할 수 있다.

쉬운 예를 들어 보자면 A란 승무원은 얼굴이 인형 같고 너무 예쁘지만 표정이 좋지 않고, B라는 승무원은 얼굴은 평범하지만 굉장히 밝고 편안한 표정으로 여러분을 응대한다고 생각했을 때 여러분들은 A 승무원과 B 승무원 중 누구에게 편히 물을 달라고 얘기할 수 있을까?

이것은 면접관들이 면접을 볼 때 평가하는 기준이 되기도 한다.

'저 지원자가 저 표정으로 지금 말하는 것처럼 승객들을 응대한다면?'

그렇다면 어떤 표정이 예쁜 표정인지, 예쁜 표정을 만들기 위해서는 어떤 방법이 있는지 알아보고 꾸준히 연습하도록 하자.

2 초두효과/첫인상 효과

초두효과란 먼저 제시된 정보가 나중에 알게 된 정보보다 더 큰 영향을 미치는 현상이라는 뜻이며 첫인상 효과라고도 한다. 이 말인즉슨 처음에 보이는 이미지가 끝까지 가는 경우가 대부분이며, 첫인상을 바꾸는 것은 굉장히 힘이 든다는 말이 될 것이다.

앞서 워킹 파트에서 말했듯 "첫인상은 3초 안에 결정된다."라는 말이 있다. 그렇지만 결정된 첫인상을 바꾸는 것은 굉장히 오랜 시간과 노력이 필요하다.

또한, 매번 새로운 승객들을 마주하는 승무원이란 직업에 있어서 승무원들에게 첫인상은 당연히 중요한 요소이다. 그래서 면접관들도 당연히 중요하게 생각할 수밖에 없다.

특히, 처음 보인 인상을 짧은 면접시간 안에 바꾸는 것은 굉장히 힘들며 사실상 불가능하다고 해도 과언이 아니다. 그러므로 우리는 '면접장에 들어가는 그 순간 첫인상이 결정된다!'라는 생각으로 어떻게 하면 좋은 첫인상을 심어줄 수 있는지 확인하고 연습하도록 한다.

먼저, 첫인상을 결정짓는 요소에는

1) 시각적 요소 55% + 2) 청각적 요소 38% + 3) 말의 내용 7% = 첫인상

'어떻게 보여지는가' + '어떻게 말하는가'가 93%를 차지한다.

먼저, 시각적 요소에는 표정, 메이크업, 헤어, 면접 복장, 태도, 자세, 워킹 등이 해당하며, 청각적 요소에는 말투, 목소리의 볼륨, 목소리의 높낮이, 말의 속도 등이 해당할 것이다. 이를 참고하여 준비하도록 한다.

3 안면 스트레칭

얼굴에 미소를 띄우는 것은 바로 근육을 움직이는 것이다. 우리가 근육운동을 하기 전 스트레칭을 하듯이 얼굴 근육도 스트레칭을 통해 충분히 풀어줘야 경련이 일어나지 않으며, 자연스러운 미소를 만들 수 있다.

1. 눈썹 올렸다 내리기 10회

2. 미간 찌푸리기 10회

3. 눈동자 돌리기 5회

4. 볼에 바람 넣고 10초 유지

5. 볼에 바람 양쪽 번갈아 넣기 10회

6. 얼굴 쫙 펴기 10초 유지

7. 얼굴 쭉 모으기 10초 유지

8. 최종 미소 연습!

스피치

1 면접 시 올바른 스피치 방법

① 단조롭지 않게 말한다- 책을 읽는 것처럼 단조로운 말투로 말을 하게 되면 장시간 면접을 보고 있는 면접관들의 입장에서는 굉장히 지루하게 들릴 수밖에 없다. 내가 말하고자 하는 부분에 악센트를 넣는다든지, 높낮이를 이용하여 자연스럽게 이야기한다.

② 친절한 톤 만들기- 서비스하려는 사람으로서 목소리 톤은 굉장히 중요하다. 너무 낮은 톤으로 말하면 친절한 느낌을 주기가 어렵기 때문에 적당히 높고 예쁜 목소리를 만들어내는 것이 중요하지만, 무조건 높다고 좋은 것은 아니다. 내가 낼 수 있는 최대한 친절한 목소리를 찾는 것이 포인트!

③ 억양 만들기- 억양을 잘 만들어야 한다. 잘 만들기 위해서는 어디에 포인트를 줘야 하는지를 파악해야 한다. 친절해 보이고자 끝만 올리는 억양을 사용하는 것을 자주 볼 수 있는데 그것이야말로 굉장히 어색하며, 만들어냈다는 느낌을 줄 수 있으니 주의하도록 한다. 내가 말하고자 하는 내용 중 중요한 부분에 강세를 주며 자연스럽게 말하는 것을 연습한다.

④ 끝 음을 흐리지 않는다- 끝 음을 흐리면서 끝내면 면접관들에게 좋은 점수를 받기 어렵다. 끝 음을 흐리는 경우, 나의 대답에 확신이 없게 느껴지며 신뢰도가 떨어질 수밖에 없다. 그렇기 때문에 절대 끝을 흐리거나 얼버무리지 않고 끝까지 자신감 있게 확실하게 끝내도록 해야 한다.

⑤ 표준어를 구사한다- 면접에서는 표준어를 구사하도록 연습한다.

⑥ 말의 속도를 조절할 줄 알아야 한다- 너무 빠르지도, 너무 느리지도 않게 말의 속도를 잘 조절해서 성격이 급해 보이거나 면접관들이 지루하지 않도록 해야 한다.

⑦ 발음이 명확해야 한다- 상대방에게 전할 때는 분명한 목소리와 발음을 전달해야 하며, 정확한 발음의 경우 명확한 이해력을 줄 수 있기 때문에 항상 신경 써야 한다.

⑧ 목소리의 볼륨을 조절한다- 면접관과의 거리에 따라 그 상황에 맞도록 볼륨을 조절할 줄 알아야 한다. 가까이에 있을 때에는 너무 크게 말하는 것보다 자연스럽게 말할 수 있어야 하며, 멀리 있을 때에는 조금 더 크고 확신이 있게 말을 전달해야 한다.

발음 연습 방법

첫 번째, 발음 연습을 하기 전 입 주변 근육을 충분히 풀어준다.

두 번째, 발음 연습용 문장을 천천히 읽어 본다.

세 번째, 처음 읽을 때에는 천천히, 익숙해진 후에는 빠르게 읽는 것을 반복하며 연습한다.

네 번째, 받침소리에 유의하며 읽도록 한다.

─────────── 발음 연습용 문장 ───────────

• 저기 저 콩깍지가 깐 콩깍지냐? 안 깐 콩깍지냐?

• 저기 저 말뚝이 말을 맬 수 있는 말뚝이냐? 말을 못 맬 말뚝이냐?

• 저분은 백 법학박사이고, 이 분은 박 법학박사이다.

• 저기 가는 저 상 장수가 새 상 장수냐? 헌 상 장수냐?

• 작년에 온 솥 장수는 새 솥 장수이고, 금년에 온 솥 장수는 헌 솥 장수이다.

• 상표 붙인 큰 깡통은 깐 깡통인가? 안 깐 깡통인가?

• 한영양장점 옆에 한양양장점, 한양양장점 옆에 한영양장점

- 강낭콩 옆 빈 콩깍지는 완두콩 깐 빈 콩깍지이고, 완두콩 옆 빈 콩깍지는 강낭콩 깐 빈 콩깍지이다.

- 간장 공장 공장장은 강 공장장이고, 된장 공장 공장장은 장 공장장이다.

- 춘천 공작창 창장은 편 창장이고, 평촌 공작창 창장은 황 창장이다.

- 우리 집 옆집 앞집 뒤창살은 홑겹창살이고, 우리 집 뒷집 앞집 옆창살은 겹홑창살이다.

- 내가 그린 구름 그림은 새털구름 그린 그림이고, 네가 그린 구름 그림은 뭉게구름 그린 그림이다.

- 저기 저 뜀틀이 내가 뛸 뜀틀인가 내가 안 뛸 뜀틀인가.

- 중앙청 창살 쇠창살, 검찰청 창살 쌍창살, 경찰청 창살 철창살

- 작은 토끼 토끼 통 옆에는 큰 토끼 토끼 통이 있고, 큰 토끼 토끼 통 옆에는 작은 토끼 토끼 통이 있다.

3

복식 호흡

복식 호흡 연습하기!

① 바른 자세로 앉는다.

② 코로 공기를 폐 깊숙이 고요히 깊이 들이마신다.
상체는 움직이지 말고 복부만 팽창하도록 공기를 최대한 마신다.
다시 '프–' 하면서 천천히 모두 뱉는다.

③ 위와 같은 방법으로 공기를 들이마시고 참을 수 있는 한 숨을 멈추었다가 최대한 천천히 내뿜는다.

④ 이번엔 코로 빨리 깊숙이 마셨다가 입으로 빨리 내뱉는다.
5~10회 반복한다.

⑤ 최대한 마신 공기를 서서히 내뿜다 멈추고, 또 내뿜다 멈추기를 반복한다.

⑥ 꾸준히 연습한다.

복식 호흡의 장점은?

복식 호흡을 하게 되면 우리가 보통 평상시에 하는 흉식 호흡에 비해 숨이 굉장히 길어진다. 긴장을 하게 되면 호흡이 가빠지고 짧아지게 되는데, 면접 시 복식 호흡을 한다면 긴장된 호흡을 안정시키고 충분한 숨으로 답변을 할 수 있다.

또한, 복식 호흡은 목소리에 힘을 실어주기 때문에, 면접관에게 신뢰감을 더 쌓을 수 있는 방법의 하나이므로 평상시 꾸준히 연습해야 한다.

여기서 중요한 Tip

미소 연습과 스피치 연습을 따로 하게 되면 부작용이 나타나는 경우가 있다. 실제 면접을 볼 때 대기 시에는 잘 웃고 있다가 대답만 하려고 하면 미소가 사라지는 학생들이 많다. 그런 친구들의 경우 미소와 스피치 연습을 같이 해야 한다. 스피치를 연습할 때에 목소리에만 집중하지 말고, 표정과 함께 확인하며 연습하도록 한다.

또한, 스피치 연습의 가장 좋은 확인 방법은 녹음해서 듣는 것이다. 그냥 단순히 읽기 연습만 하고 끝내면 기억이 잘 나지 않기 때문에 녹음을 해서 내 목소리와 상태를 즉각적으로 파악하고 부족한 부분을 좀 더 정확히 확인할 수 있으므로, 가장 좋은 연습 방법이니 꼭 해보도록 하자!

Make-up

1
Skin care

면접에서 짧은 시간에 호감 가는 이미지를 표현하기 위해서 깨끗하고 맑은 피부가 수반되어야 한다. 무엇보다 피부는 외적인 이미지를 결정함과 동시에 신체적인 건강을 판단하는 기준이 되기 때문에 면접당일 건강해 보이는 피부 관리는 중요하다. 또한, 피부 관리는 승무원이 된 후에도 호감 가는 이미지 전달을 위해 숙명적으로 해야 하는 과제이다. 기내 습도는 15% 정도로 사막과 비슷한 환경이다. 승무원들은 건조한 환경에서 장시간 동안 근무를 해야 하므로 피부 관리에 노력을 많이 기울인다. 아무리 멋진 유니폼을 입고 화사한 메이크업을 하고 있어도 피부가 거친 상태로는 호감 가는 승무원이 되기에 부족하기 때문이다.

그러기 위해서는 다음의 기본을 잘 지키는 것이 중요하다.

A. 클렌징

미세먼지나, 노폐물, 화장, 건조한 생활환경에 지친 얼굴에는 단순 세안이 아닌 공들인 클렌징이 매우 중요하다.

B. 피부 유형별 관리법

피부 자가진단법

1. 기름종이 또는 화장용 티슈를 2~3cm 크기의 정사각형으로 5장 준비한다.
2. 클렌징폼을 사용하여 미지근한 물로 세안 후, 3시간가량 유지한다.
3. 잘라둔 티슈나 기름종이를 이마, 양 볼, 코, 턱에 붙인 후 티슈나 종이에 묻어 나온 피지의 양을 관찰한다.

| 표1 | 자가진단을 통한 피부 유형 구분

구 분	증상
건 성	종이나 티슈에 피지가 묻어 나오지 않는 경우
중 성	피지가 극히 적은 경우
지 성	피지를 육안으로 확인할 수 있는 경우
악지성	피지가 많이 묻어나는 경우
복합성	T-Zone 부위는 피지가 있고 나머지 부위에는 피지가 없는 경우

피부 유형별 관리법

피부 유형은 크게 건성 피부, 중성 피부, 지성 피부, 복합성 피부로 분류된다.

이러한 피부 유형에 적합한 세안제와 각질 제거, 기초제품의 선택을 달리하고, 그 외에 마사지와 팩의 관리로 피부를 더욱 건강하고 투명하며 탄력 있는 피부로 지속시켜야 한다.

| 표2 | 피부 유형별 팩의 선택

구 분	종 류
건 성	영양, 수분 팩
중 성	수분, 청결 팩
지 성	각질 제거 및 수렴, 모공관리 팩
복합성	T존, U존 부위별 적절한 팩
민감성	수분, 진정 팩

C. Daily Care

기초 케어

화장품을 어떤 순서로 발라야 하는지 고민하는 사람이 생각보다 많다.

물론, 화장품 브랜드마다 순서나 방법이 다르지만, 사실 순서보다 더 중요한 것은 어떻게 흡수시키느냐이다. 우선 피부 결을 정돈하는 토너를 사용하는데, 이 토너는 피부의 혈액순환을 원활하게 하고, 또 피부표면에 남아있는 각질이나 피지 등을 자연스럽게 제거해주어 피부 결이 부드럽게 정리된다.

또한, 다음 단계인 로션 속 영양과 수분이 더욱 쉽게 피부 속으로 흡수될 수 있도록 도와주는 역할을 한다.

우리에게 흔히 로션으로 통하는 모이스처라이저는 피부에 수분과 유분을 전달하여 피부를 더욱 촉촉하게 만드는 효과가 있다. 그래서 화장이 매끄럽게 잘 받고 들뜨지 않게 해 주는 데 있어 중요하다.

하지만, 너무 많이 바르면 피지가 지나치게 많이 생성되어서 피부가 번들거리고, 반대로 너무 적게 바르면 피지가 적게 생성되어서 건조해지고 각질이 생기니, 적당량을 발라 피부에 필요한 수분과 유분을 공급하고 밸런스를 맞추는 것이 중요하다.

립 케어

사람을 건강하고 깔끔하게 보이게 하는 곳은 입술이다.

입술은 천연 유·수분 보호막이 없고 부실한 각질층으로 매우 연약하다.

단, 신진대사를 반복하면서 생성되는 턴 오버가 4~7일로 짧은 편이라 회복력이 빠르다. 튼 입술은 립크림을 듬뿍 발라 늘 촉촉하게 유지해야 한다.

Tip **면접 당일 부기 없는 얼굴 만들기**

· 짠 음식 No!
짠 음식을 먹으면 염분과 수분이 체내에 쌓이게 되어 다음날 얼굴이 붓게 된다.
면접 전날은 가능한 짠 음식을 먹지 않도록 하고, 혹시 짠 음식을 먹었다면 미지근한 우유로 체내 염분을 중화시킨다.

· 얼음 세안 Yes!
면접 당일 세수할 때 찬물에 얼음을 넣어 세안하면 붓기가 빨리 빠진다.
눈이 부었을 때는 얼음을 거즈에 싸서 눈에 올려 얼음찜질을 한다.
얼음 대신 차가운 녹차티백이나 숟가락을 냉동실에 두었다가 뒷면으로 눌러주는 것도 효과적이다.

· 마사지 Yes!
간단한 스트레칭으로 혈액순환을 도와 부기를 뺄 수 있다. 우선 손가락을 눈 위에 올려 가볍게 두드린 후, 코 옆에서 눈꼬리까지 사선으로 두드려준다. 그 후 네 손가락으로 이마를 위로 당기듯이 올려준다. 마지막으로 이마와 머리카락 경계 부분을 손끝으로 두드려 마무리한다.

Make-up 도구

A. 브러시(Brush) 종류 및 사용방법

팬 브러시(Pan Brush)

여분의 파우더나 눈 밑에 떨어진 아이섀도 등 얼굴에 필요 이상으로 묻은 화장품을 털어낼 때 사용한다.

페이스 브러시(Face Brush)

피부의 질감을 매트하지 않게 약간의 촉촉함을 유지하고 투명한 피부를 원할 때 파우더의 양을 퍼프에 털어 조절하여 페이스 브러시처럼 큰 브러시를 이용하여 가볍게 바른다.

치크 브러시(Cheek Brush)

얼룩이 지지 않도록 뾰족하지 않고 부드럽고 큰 브러시를 사용한다.

스크루 브러시(Screw Brush)

눈썹을 그리기 전에 눈썹 결을 정돈하거나 눈썹 연필 사용 후 펴줄 때 사용한다. 마스카라 사용 시 속눈썹이 뭉쳤을 경우에 골고루 정리하고 마스카라를 발라서 볼륨을 주기도 한다.

아이섀도우 브러시(Eye Shadow Brush)

크고 넓은 브러시는 베이스나 하이라이트용으로, 중간크기의 브러시는 노즈 섀도우나 그라데이션 효과를 줄 때, 작은 브러시는 포인트나 언더 컬러에 사용한다.

스펀지 팁(Sponge Tip)

포인트 컬러를 선명하게 나타낼 때나 특히 펄 제품을 바를 때 이용하며, 한곳에 뭉치지 않고 고르게 펴줄 때 효과적이다.

립 브러시(Lip Brush)

립스틱을 직접 입술에 바르는 것보다 브러시를 이용하면 섬세하고 깔끔한 표현이 된다.

아이라이너 브러시(Eye Liner Brush)

젤 아이라이너를 사용할 때 이용한다. 브러시 길이가 너무 길면 흔들리고 힘이 없기 때문에 적당한 길이로 힘이 있어야 한다.

왼쪽부터, 설명 순서대로 팬 브러시 → 아이라이너 브러시

B. 기본 도구

파우더 퍼프(Powder Puff)

흔히 분첩이라 불린다. 소재에 따라 면제품과 합성섬유 제품이 있는데, 피부에 닿는 감촉이 부드럽고 파우더가 뭉침 없이 얇게 발라지는 제품이 좋다.

분첩에 파우더를 묻힌 뒤 두 개를 맞대어 비벼 사용하거나 하나의 분첩을 반으로 접은 뒤 비벼서 사용하면 파우더가 골고루 얼굴에 발리는 효과를 얻을 수 있다.

스펀지(Sponge)

라텍스 스펀지를 주로 사용하는데, 그중에서도 천연 라텍스 스펀지가 사용감이 부드럽고 피부를 자연스럽게 표현해 준다. 메이크업 베이스나 파운데이션을 바를 때 사용한다. 눈 주변이나 코 주변처럼 좁고 굴곡진 부위는 스펀지의 모서리 주변을 이용하여 수분을 주어 젖은 상태로 사용했을 때 밀착이 잘 되며, 피부에 가볍게 두들겨 줌으로써 자연스러운 피부 톤 정리에 효과적이다.

펜슬깎이(Sharpener)

눈썹용 펜슬, 아이라이너, 립라이너 등은 심이 부드러우므로 칼보다는 펜슬깎이를 사용하고, 펜슬은 끝이 너무 날카롭지 않게 깎는다.

눈썹 손질용 가위(Clipper) 및 족집게(Tweezers)

눈썹 가위는 긴 눈썹과 인조 속눈썹의 숱을 정리할 때 사용한다. 족집게는 눈썹을 뽑을 때 사용한다.

면봉(Cotton Swabs)

메이크업을 수정할 때 사용하면 편리하다. 눈썹, 아이섀도우, 아이라인, 마스카라, 입술에 이르기까지 얼굴 전체를 정리하고 화장품이 번질 경우에 사용된다.

3 승무원 면접 Make-up

승무원 면접에서의 메이크업 포인트는 정돈된 느낌, 깔끔함을 잃지 않으면서 화사한 느낌을 전달하는 것이다.

A. Base Make-up

프라이머

기초화장 후 메이크업 전에 발라 모공을 채워 매끄러운 피부 결을 형성하도록 하는 것이 프라이머의 주요 목적이다.

메이크업 베이스

파운데이션 이전 단계에 발라 안정감 있게 피부 톤을 보정해 주는 역할을 하는 메이크업 베이스는 과거에는 붉은 피부는 초록색, 창백한 피부는 분홍색 등의 공식이 있었지만, 최근에는 달라졌다. 얼굴만 하얗게 만들어서 목과 얼굴을 분리시키던, 과한 메이크업의 주범이 바로 컬러 컨트롤이 들어있는 메이크업 베이스이다. 면접 메이크업을 할 때는 투명으로 선택하여 자연스럽게 베이스로 정돈한다.

파운데이션

파운데이션은 얼굴의 결점을 커버하고 매끄럽게 피부 톤을 정리해 주어 다음 단계에 오는 색조 메이크업(립, 치크, 아이)을 돋보이게 해 준다.

파운데이션은 내 피부색에 맞게 선택을 해야 하고, 바를 때는 양 볼, 이마 등 넓은 부위부터 시작해서 두드리듯 바르고 충분히 두드려 흡수되도록 한다. 특히, 놓치기 쉬운 입술 주변과 입꼬리까지 세심하게 발라야 한다.

| 표3 | 파운데이션 종류와 기능

종 류	기 능	면접 Tip
리퀴드 파운데이션	투명한 피부표현 가능하나, 커버력은 약하다.	피부 트러블이 없고 밝은 피부를 가진 지원자
크림 파운데이션	수분을 공급해 촉촉하고 커버력이 좋다.	여드름, 주근깨 등 피부 트러블이 고민이거나 면접 시 긴장감으로 피부가 붉어지는 지원자
스틱 파운데이션	휴대하기 편하고 커버력이 가장 좋다.	면접에서는 두꺼운 피부표현이 될 수 있으므로 피한다.
파운데이션 컴팩트	유분을 잡아주는 기능이 있고 보송보송한 피부 표현이 가능하다.	면접 당일 수정 메이크업용으로 추천한다.
비비크림	화장을 안 한 듯 자연스러운 피부 연출이 가능하다.	승무원 면접에는 사용하지 않는 것이 좋다.

컨실러

피부의 트러블을 커버하는 컨실러를 잘 사용하면 자연스럽게 감추고 싶은 부분을 커버할 수 있다. 컨실러는 펜슬 타입, 스틱 타입, 크림 타입 등이 있다. 컨실러의 컬러는 피부 톤과 같거나 한 톤 밝은 컬러를 고르는 것이 좋다. 컨실러의 이상적인 제형은 크림 타입인데, 묽은 것은 사용하기 까다로우므로 약간 쫀득한 느낌이 나는 것이 좋다.

파우더

파우더는 유분기를 조절하여 화장을 오랜 시간 지속시켜주는 기능을 한다.

가루 형과 파우더 형 등의 종류가 있으며, 사용방법은 피부에 밀착시키듯이 파우더 퍼프로 눌러준다. 최근 추세는 파우더를 너무 과하지 않게 바르는 것이다.

파우더를 과하게 바르면 지나치게 건조해 보일 수 있으므로 주의한다.

B. EyeBrow Make-up

　얼굴의 여러 부위에서 가장 인상을 좌우하는 곳은 눈과 눈썹이다. 특히, 눈썹은 인상에 영향을 주는 기능을 한다. 눈썹의 형태와 색상, 숱의 많고 적음이나 길이에 따라 다양한 이미지를 줄 수 있는데, 얼굴형에 맞지 않거나 깔끔하지 않은 눈썹은 결코 좋은 인상을 주지 않을 뿐 아니라 자칫하면 지저분한 인상으로 남기 쉽다. 과거에는 에보니 펜슬을 사용하여 인위적으로 그리는 것이 유행이었지만, 길고 날카로운 눈썹은 인상을 강하게 할 뿐만 아니라 나이 들어 보이게 하므로, 에보니 펜슬 사용을 지양하는 추세이다.

　최근, 면접에서는 좋은 인상을 주기 위해서는 눈썹 색에 맞는 아이브로우 펜슬, 아이브로우 섀도우, 아이브로우 마스카라를 활용하여 자연스럽게 눈썹을 그린다. 눈썹은 밝고 친근한 표정으로 승객을 맞이해야 하는 승무원들에게 매우 중요한 부분이다. 스스로 자신이 없다면 전문가의 손길을 받아야 하는 부분이기도 하다.

| 표4 | 눈썹 형태가 주는 이미지

눈썹 모양	이미지
표준형	발랄한 인상을 주며 어떤 얼굴형에나 무난하게 어울린다.
일자형	남성적인 인상을 주기 쉬우나, 얼굴 폭이 넓어 보이는 효과가 있어 긴 얼굴형이나 폭이 좁은 얼굴형에 적합하다.
상승형	동양적이고 개성이 강해 보이면서도 다소 활동적인 느낌을 준다. 둥근 얼굴형이나 각진 얼굴형에 잘 어울린다.

각진 눈썹	지적이고 세련된 인상을 주며, 자기주장이 뚜렷해 보인다. 둥근 얼굴형이나 얼굴 길이가 짧은 경우에 적합하다.
아치형 눈썹	섬세하고 성숙해 보이며, 우아하고 여성적인 인상을 준다. 삼각형의 얼굴이나 이마가 넓은 역삼각형, 다이아몬드형 얼굴에 잘 어울린다.

C. Eye Make-up

Eye Shadow

아이섀도를 사용할 때는 피부색과 눈동자 색상뿐 아니라 면접 복장 등 본인의 이미지에 맞게 선택하는 것이 좋다. 아이섀도는 입체감 있는 얼굴을 표현하며, 승무원 면접 시에는 과한 펄이나 화려한 색상은 피하는 것이 좋다.

살구색, 코랄, 핑크, 연보라, 오렌지, 브라운 등의 부드러운 컬러로 화사하고 따뜻한 인상을 어필하는 것이 좋다.

Eye Liner

　아이라이너는 눈매를 좀 더 수정하고 또렷하게 표현하고, 눈 모양
을 수정 보완하는 역할을 한다. 스마트하고 밝은 인상을 주기 위해서
승무원 면접에서 필수적으로 이루어져야 하는 메이크업 단계이다. 아
이라이너의 종류로는 리퀴드, 젤, 펜슬, 붓펜 등이 있으며 번지지 않
도록 아이라이너 후에 파우더로 눈 아랫부분을 눌러준다.

| 표5 | 아이라이너의 종류와 특징

종 류	특 징
리퀴드 아이라이너	번지지 않고 잘 그려지지만, 인위적이고 강해 보일 수 있다.
젤 아이라이너	또렷하고 그리기 쉽지만, 브러시 사용으로 번거롭다.
펜슬 아이라이너	초보자가 그리기 쉽지만, 또렷하지 않고 쉽게 번진다.
붓펜 아이라이너	얇고 선명하게 그려지지만, 점막 메우기가 불편하다.

Mascara

마스카라는 속눈썹을 더욱 짙고 길게 만들어 또렷한 눈매를 연출하는 목적으로 사용된다. 또한, 생기가 있어 보이므로 건강한 이미지가 필수인 승무원 면접에서는 마스카라를 잘 활용하면 더 좋은 이미지를 전달할 수 있다.

마스카라를 바르기 전 뷰러로 속눈썹을 올리는 것이 중요하다. 속눈썹 뿌리에 밀착하여 힘을 주어 눌러주고, 조금 빼서 다시 눌러주는 방법으로 3단계로 나눠 올려준다. 이때 시선은 45도 아래로 향하는 것이 좋다.

그래서 많은 승무원 지원자들은 자연스러운 인조 속눈썹을 붙이기도 한다.

| 표6 | 마스카라의 종류와 특징

종 류	특 징
롱래쉬 마스카라	속눈썹이 짧은 경우 길어 보이게 한다.
컬링 마스카라	속눈썹이 쳐지고 힘이 없는 경우 컬링이 유지된다.
볼륨 마스카라	듬성듬성 속눈썹이 비어있는 경우 풍성하게 해준다.

D. Cheek&Lip Make-up

Cheek Make-up

치크는 얼굴에 자연스러운 혈색을 더해주고, 밝고 생기 있는 표정을 만들어준다. 장시간 동안 비행을 하는 승무원들이 착륙 후에도 화사한 이미지를 주는 포인트 중 하나가 바로 이 치크이다. 특히, 볼은 얼굴에서도 중앙에 가장 넓은 부분을 차지하고 있어 평면적인 얼굴형을 지닌 우리 동양인들에게는 볼에 메이크업을 확실하게 하는 것이 대단히 중요하다. 건강미를 표현하는 치크로는 핑크나 오렌지를 추천한다.

| 표7 | 얼굴형에 따른 치크 방법

얼굴형	치크 방법
달걀형	가장 이상적인 얼굴형으로 메이크업 분위기에 따라서 위치를 변화시킨다.
둥근 얼굴형	입술 방향으로 경사를 기울여 치크를 한다.
사각형	각이 진 부분에 셰이딩을 넣어주고, 치크는 다소 폭넓게 발라 볼 넓이의 밸런스를 맞춘다.
긴 얼굴형	볼 뼈를 중심으로 수평으로 펴 바른다
역삼각형	귀가 위치한 부분에서 입 위쪽을 향해서 부드럽게 펴 바른다.
다이아몬드형	차분한 색상의 치크로 자연스럽고 짧게 그라데이션한다.
평면적 얼굴형	자연스러운 톤으로 직선적인 느낌을 주며, 귀 위쪽에서 입 끝을 향해 삼각형으로 넣어준다.

Lip Make-up

입술은 건강한 혈색을 표현할 수 있고, 표정을 더욱 풍부하게 만드는 효과가 있다.

립 메이크업 시 색상은 아이섀도 색상과 조화를 이룰 수 있도록 선택한다.

실제로 기내에서 근무하는 승무원들은 기내조명과 유니폼과의 조화를 고려하여 핑크, 레드 등의 밝은 립 색상을 선호한다.

승무원 면접 시 과한 립 오일이나 립글로스, 너무 톤이 다운된 색상은 피하는 것이 좋으며, 잘 지워질 수 있는 부분이므로 면접장 들어가기 전 다시 한번 확인을 하고 들어가는 것이 좋다.

Tip

립 메이크업이 오래 유지되게 하는 방법

- 립스틱을 바른 후 티슈로 가볍게 누른다.
- 입자가 고운 파우더를 손가락으로 입술에 얹으면서 살짝 눌러준다.
- 그 위에 립스틱을 다시 한번 바르면 입술이 밀착되어서 잘 지워지지 않게 된다.

면접 직전 체크하는 수정 메이크업

기름진 피부 수정하기

기름종이 또는 퍼프로 눌러 유분을 정리한다.

화장이 심하게 들뜬 경우에는 다시 파운데이션을 발라야 한다.

파운데이션을 메이크업 위에 덧바르게 되면 얼룩이 지기 때문에 먼저 스킨이나 수분 크림을 화장 솜에 묻혀 들뜬 부위를 지워준다.

번진 눈 화장 수정하기

눈 화장 수정을 위해서는 면봉이 필수다. 면봉에 액체 타입 리무버를 묻혀 파우치에 넣어 다니면 수정이 편하다.

지워진 입술 수정하기

건조해서 갈라지고 지워진 입술은 보습 크림을 바른 면봉으로 해결한다.

면접 대기시간에는 긴장돼서 자꾸 건조해지는 입술에 립밤을 수시로 덧발라 촉촉함을 유지하고, 면접장 입장 전에는 립스틱을 다시 바른다.

4 Nail

승무원의 청결한 유니폼, 단정한 헤어와 메이크업 못지않게 중요한 것이 손이다. 승무원들은 기내에서 승객에게 식사 서비스, 기내판매, 서류 전달 등 가까이에서 서비스를 진행하며 손이 계속적으로 노출될 수밖에 없다.

이때, 승무원의 손이 청결하지 않다거나 관리가 되지 않은 상태라면 승객들은 기내에서 이루어지는 모든 서비스의 청결함을 의심하게 될 수 있다.

또한, 잘 다듬어지고 정돈된 손톱은 승객들에게 호감도를 높이기도 한다.

이것은 승무원 면접 때도 마찬가지이다. 지원자들은 짧은 면접에서 세심하게 잘 다듬어진 모습을 통해 본인의 자기관리 능력을 어필해야 한다.

손톱 정리

1. 건조한 기내에서 근무하는 승무원들의 경우 손톱깎기보다는 파일로 모양을 다듬는 것이 좋다. 이때 모양은 손을 많이 써야 하는 승무원의 경우 손톱이 쉽게 깨지거나 다칠 위험이 있으므로 스퀘어보다는 끝을 둥

글게 하는 라운드 형태가 부담이 없어 많이 하는 편이다.

2. 큐티클은 지저분해 보이므로 제거해준다. 큐티클 오일을 사용하면 큐티클 제거가 쉽고 유·수분을 공급하여 손톱이 강화된다.

3. 손톱 강화제를 수시로 발라 손톱에 영양을 공급하고 단단하게 개선한다.

매니큐어 바르기

손의 기초 케어가 마무리된 후에는 손톱에 매니큐어를 입힌다.

손톱에 매니큐어를 입히기 위해서는 3단계의 컬러링 단계를 거쳐야 한다.

1. 베이스코트 바르기: 손톱에 에나멜이 착색되는 것을 막는 동시에 표면을 매끄럽게 만들어 에나멜이 더욱 잘 발리도록 하는 베이스코트를 발라준다.

2. 매니큐어 바르기: 베이스코트가 마른 후 원하는 컬러의 네일 폴리시, 즉 매니큐어를 발라준다. 양 조절과 분할이 중요한데, 병 입구에 브러시를 누르는 방법을 이용하여 양을 조절해 주는데, 붓의 반 정도만 내용물이 묻어있도록 하는 것이 좋다. 그다음 손톱을 3등분 하여 매니큐어를 발라주는데, 중앙을 먼저 바른 뒤 마르기 전에 재빨리 양옆을 마저 발라 브러시 경계선이 생기지 않도록 바른다.

매니큐어는 기본적으로 두 번 정도 바르는 것이 원래의 색상을 연출할 수 있기 때문에 두 번을 바르는 것을 원칙으로 한다.

3. 건조하기: 충분히 건조한 뒤 손톱 면 밖으로 나온 매니큐어를 면봉이나 우드 스틱 봉 등에 소량의 아세톤을 묻힌 뒤 지워준다.

4. 탑코트 바르기: 마지막으로 탑코트를 바른다. 탑코트는 매니큐어에 윤기가 생기고 매니큐어를 오래 지속시킨다.

Tip

핸드크림의 효과적인 사용방법

1. 전체에 잘 스며들게 한 후에 손가락 하나씩 쥐듯이 어루만지면서 문질러 스며들게 한다. 손가락 끝은 강하게 압력을 넣어서 자극한다.
2. 손가락과 손가락 사이를 주물러서 풀어준다. 혈행이 좋아져서 보다 효과적이다.
3. 손바닥 전체를 엄지손가락으로 주물러서 푼다.

헤 어

1

쪽 머리 스타일 연출

승무원 면접에서 가장 중요한 것은 얼마나 예쁘고 귀여운지가 아니라, 승무원 직무에 맞는 역량과 조직 생활에 알맞은 매너를 지녔는지의 확인이다.

일반적으로 승무원을 비롯한 서비스직 종사자들은 단정하고 깔끔한 쪽 머리를 선호한다. 많은 연구에서 입증되었듯이, 서비스 종사자들에게 쪽 머리는 신뢰도와 호감도를 높이고 청결함까지 전달할 수 있는 최적의 헤어스타일이다.

쪽 머리 연출의 포인트는 어떤 방향에서 보더라도 깔끔하고 정리된 헤어스타일이며, 장시간 비행에도 유지 될 수 있도록 헤어스프레이를 활용한다.

간혹 고정을 위해 실핀을 사용하는데, 2개 이상은 사용하지 않는 것이 더욱 깔끔해 보인다. 승무원 지원자 중에서 가끔 앞머리를 내리고 쪽 머리를 하는 경우가 있는데, 면접 시 인사하거나 말하는 데 방해가 되지 않도록 고정을 하는 것이 중요하다.

헤어스프레이 선택 방법

헤어스프레이는 액상 타입과 가스 타입, 두 가지가 있다.

액상 타입- 굳는 속도가 다소 느리다. 하지만 완전히 굳은 후에는 오랜 시간 유지가 가능하다. 또한, 넓게 분포되는 것이 아니므로 적당량을 사용해야 하며, 윤택이 많이 나는 편이다.

가스 타입- 굳는 속도가 빠른 편이다. 넓게 분포되며 윤택이 비교적 적다.

어떤 헤어스프레이를 사용하는 것은 상관없지만, 본인이 잘 다룰 수 있는 타입으로 선정하여 사용하거나 섞어서 사용하는 것도 방법이 될 수 있다.

쪽 머리 연출을 위한 준비물

헤어스프레이, 헤어 미세망, U자 핀, 쪽빗, 헤어드라이어

쪽 머리 연출 방법

1. 얼굴형에 어울리는 가르마와 올림의 정도(볼륨)를 결정하여, 헤어드라이어와 스프레이를 활용하여 볼륨을 고정해준다.

2. 머리의 앞, 뒤, 옆 부분을 잘 확인하여 빠져나온 부분이 없도록 깔끔하게 빗어 묶어준다.

3. 다음은 헤어 미세망을 고정하기 위한 단계이다. U자 핀을 망에 연결해서 묶은 머리 가장 윗부분에 고정한 뒤, 미세망 안으로 머리를 동그랗게 말아 넣는다.

4. 잔머리가 나오지 않도록 스프레이나 젤 등으로 깨끗하게 고정한다.

포니테일(pony tail)형

　승무원 면접에는 쪽 머리가 기본이지만, 간혹 캐쥬얼한 복장으로 서비스를 하는 항공사에서는 발랄하고 친근해 보일 수 있는 포니테일 헤어스타일로 면접을 보기도 한다.

포니테일 연출 방법

1. 얼굴형에 맞게 가르마 또는 올백형을 선택한다.
2. 잔머리가 나오지 않도록 단정히 묶는다.
3. 묶은 머리는 고데기나 드라이를 이용하여 살짝 웨이브를 준다.

헤어: 보이드 바이 박철- 채원 부원장

커트&단발머리 연출

　대한항공이나 제주항공의 경우 커트&단발머리를 하는 승무원들을 자주 볼 수 있다. 세련되고 발랄한 느낌을 줄 수 있고, 얼굴형에 자신 없을 경우 커버하는 데 유리하다.

　커트&단발머리 연출법

1. 길이는 어깨선에 닿지 않도록 유지한다.
2. 앞머리나 옆머리가 흘러내려서 지저분해 보이지 않도록 젤이나 스프레이로 고정한다.
3. 밝은색 염색은 피하는 게 좋다.
4. 볼륨을 만들어서 세련되어 보이게 관리한다.

복 장

지나치게 옆트임이 심한 스커트, 발가락이 훤히 보이는 구두, 구겨진 셔츠. 이 모두가 면접에 적합한 복장이 아니다. 실제 취업 포털 잡코리아가 면접관에게 조사한 결과 면접관 81.9퍼센트는 실제 면접 복장이 불량한 지원자를 탈락시킨 적이 있다고 답했다. 이처럼 복장은 지원자의 이미지를 좌우하는 중요한 요소이다.

승무원 면접에서의 복장은 기업이 추구하는 이미지에 맞게 의상을 선택하는 것이 중요하다. 대부분의 진에어(청바지와 운동화)를 제외한 국내 항공사 객실 승무원 면접에서는 반소매 블라우스와 무릎이 보이는 스커트를 착용한다. 면접 복장은 소재나 색상에 따라 차이가 있으며, 자신의 체형과 얼굴형을 고려하여 선택하는 것이 가장 좋다.

1 승무원 면접 복장

A. 블라우스

승무원 면접에서 블라우스는 반소매를 착용하도록 하고 있다.

그 이유는 팔의 흉터나 수술 자국 등이 있는지의 점검을 위해서이다.

블라우스는 깔끔하고 단정한 느낌을 줄 수 있는 것이 중요하며, 체형을 많이 드러내는 것은 좋지 않지만, 허리선이 들어간 디자인을 선택하면 좀 더 단정해 보일 수 있다. 색은 흰색이 가장 무난하며, 컬러가 있는 블라우스를 선택할 수 있으니 자신의 피부톤에 맞는 색의 블라우스를 선택한다.

....

1. 소재

· 실크 (흰색): 피부가 깨끗하고 흰 지원자에게 어울린다. 피부색이 어둡거나 잡티(여드름)가 있는 경우에는 단점이 돋보일 수 있으니 주의한다.
  모든 체형에 무난하게 어울리는 소재이다.
· 면 (흰색): 실크에 비해서 피부 상태의 제약이 덜하다. 하지만 상체가 큰 편일 경우에는 피하는 것이 좋다.

2. 얼굴형

· 둥근 얼굴: 얼굴이 갸름해 보일 수 있도록 브이넥을 선택한다.
· 긴 얼굴: 긴 얼굴을 완화할 수 있게 둥근 넥을 선택한다.

3. 목 길이

· 목이 짧은 체형: 브이넥을 입으면 목이 길어 보인다.
· 목이 긴 체형: 둥근 넥을 입으면 무난하다.

4. 어깨

· 어깨가 치솟은 체형: 브이넥을 입어 목을 드러내면 시선이 분산 된다.
· 어깨가 넓은 체형: 튤립 소매나 이중 소매를 입으면 어깨가 보완된다.

5. 팔뚝

· 통통한 팔: 팔 부분을 감싸서 보완할 수 있는 튤립 모양 소재가 좋다.

6. 가슴

· 가슴이 큰 체형: 가슴 부위에 주름 장식이 있는 블라우스를 입으 면 보완이 된다.
· 가슴이 작은 체형: 앞에 리본이 달린 블라우스를 입으면 보완이 된다.

....

기본 면 실크 브이넥

브이넥 튤립 둥근 넥 튤립 실크 포인트

기본 실크 실크 튤립 – 하늘색

B. 스커트

일반적으로 H라인 검정 정장 스커트를 착용하며, 최근에는 복장 자율화로 컬러(와인, 카키, 네이비 등)가 있는 스커트를 착용하기도 한다.

스커트 길이는 무릎 위 3cm가 적당하며, 너무 짧게 입었을 경우 좋지 못한 인상을 줄 수 있으니 주의한다.

스커트는 하이웨스트 스커트와 일반 정장 스커트를 선택하며, 키가 작은 지원자의 경우 다리가 더 길어 보일 수 있도록 하이웨스트 스커트를 선택하면 본인의 단점을 보완할 수 있다.

2 액세서리 착용법

A. 구두

구두 디자인의 계절과 상관없이 앞, 뒤가 막힌 펌프스화를 신는다.

구두 색은 일반적으로 스커트의 색상과 조화를 이룰 수 있도록 선택한다.

일반적으로 구두 굽 높이는 5cm~8cm가 무난하며, 구두를 신고 워킹 할 때 부자연스럽지 않도록 수시로 워킹 연습을 해야 한다.

· 구두코가 둥근 것: 키가 크고 마른 체형에 적합하다.
· 구두코가 뾰족한 것: 키가 작고 통통한 체형에 적합하다.

B. 귀걸이

귀걸이는 얼굴을 돋보이게 하는 역할을 하므로, 착용을 반드시 하는 것이 좋다.

진주 귀걸이의 경우 신뢰감을 줄 수 있는 아이템이므로 적당한 크기(7~8mm)를 선택하여 착용하면 좋다. 이때 귀걸이는 귓불에 딱 붙는 스타일을 착용한다.

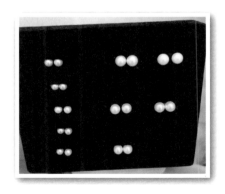

C. 시계

시계는 승무원의 필수품인 만큼 면접 시 반드시 착용한다.

검은 가죽 스트랩이나 메탈 스트랩의 작은 사이즈가 적당하며, 고가나 팔찌형 스포츠형은 피한다.

복장 및 액세서리: 마이스윗인터뷰

D. 스타킹

살구색이나 커피색을 착용한다. 검은색은 반드시 피하고, 스타킹의 색상은 미세하게 달라 다리의 선이 달라 보일 수 있으니 자신에게 잘 맞는 색상을 선택한다. 면접 기다리는 동안 스타킹의 올이 나가지 않았는지 미리 확인하고 여분을 준비한다.

　　✍　　본인이 지원할 항공사에 대해 꼼꼼히 분석하는 것은 지원자로서 반드시 거쳐야 하는 과정이다. 항공사와 조직에 대한 이해도가 높다는 것을 답변에 표현해야만 지원자의 열정과 애사심을 판단할 수 있다. 지원자의 입장에서도 회사에 대한 정보, 연혁, 경영이념, 취항지, 서비스, 인재상 등을 잘 알아야만 그에 맞는 면접준비를 할 수 있다. 우리 회사의 장·단점은? 우리 회사의 비전은? 추가되었으면 하는 기내식과 서비스는? 등의 회사 관련 질문이 나왔을 때 자신 있게 답변할 수 있도록 꼼꼼히 분석하여 나의 생각과 연결하자. 면접 자신감은 저절로 나오는 것이 아니다. 미리 준비했을 때 자연스럽게 흘러나오는 것이다.

Part
2

국내 항공사 제대로 분석하기

대한항공

1 대한항공 분석

① 개요

　세계 항공업계를 선도하는 글로벌 항공사로서, 대한항공은 신규 노선 개척 및 해외 영업 강화를 바탕으로 글로벌 네트워크를 지속적으로 확대하고 있으며, 이를 통해 전 세계에 대한민국의 위상을 높이는 데 핵심적인 역할을 수행해 왔다.

　대한항공은 'Excellence in Flight'라는 미션 달성을 위해 앞으로도 더욱 노력할 것이며, 또한 시장 변화와 고객 니즈에 대응한 신속하고 유연한 대응을 통해 경쟁력을 강화함으로써 지속 가능한 성장을 추구하여 항공업계의 리더로 자리매김할 것이다.

회사명	(주) 대한항공
회장/대표이사	조양호(1999~)/지창훈
창립일	1969년 3월 1일
사업 부문	여객, 화물, 항공우주, 기내식, 기판
항공기 보유 대수	총 161대(2018년 1월 기준)

운항노선	43개국 123개 도시 국내선: 13개 도시 국제선: 42개국 110개 도시

② 비전&미션

- 비전: 세계 항공업계를 선도하는 글로벌 항공사
- 미션: Excellence in Flight

③ 심벌마크&로고

대한항공 심벌마크는 태극문양을 응용하여 역동적인 힘을 표현하고, 프로펠러의 회전 이미지를 형상화하여 강력한 추진력과 무한한 창공에 도전하는 대한항공의 의지를 나타낸다.

로고는 영문회사명에 심벌마크를 포함하여, 대한항공의 역할과 기업이념을 표현했다.

KOREAN AIR ⃝

KOREAN AIR ⃝

KOREAN AIR

KOREAN AIR

④ **직원현황**

인원 (2016년 12월 31일 기준)

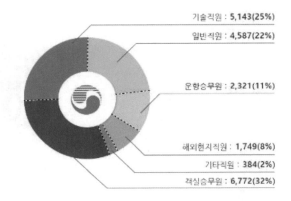

기술직원 : 5,143(25%)
일반직원 : 4,587(22%)
운항승무원 : 2,321(11%)
해외현지직원 : 1,749(8%)
기타직원 : 384(2%)
객실승무원 : 6,772(32%)

⑤ **항공기 보유 대수(2018년 1월 기준)**

· A380−800 여객기: 10대

· B747−400 여객기/화물기: 4대/9대

· B747−8I 여객기: 10대

· B747−8F 화물기: 7대

· B787−9 여객기: 5대

· B777−200ER/300ER/300 여객기: 38대

· B777F 화물기: 12대

· A330−200/300 여객기: 29대

- B737-800/900ER/900 여객기: 35대
- CS300 여객기: 2대
- Total 여객기: 133대, 화물기:28대

⑥ 사회공헌 활동

기업의 사회적 책임

- 중국 꿈의 도서실 기증: 중국 지역 사회공헌 프로젝트인 애심계획 (愛心計劃)의 일환으로 2010년부터 빈곤 지역 초등학교를 대상으로 도서실을 만들어 기증하고 있다.
- 사랑의 집짓기 해비다트 운동: 2001년부터 한국 해비다트와 파트너십을 맺고 무주택 서민을 위한 '사랑의 집짓기' 행사에 참여하고 있다.
- 하늘사랑 영어교실: 2008년부터 매년 인천국제공항 인근 '용유초등학교' 학생들을 대상으로 영어를 가르쳐주고 있다.
- 유방암 예방 핑크 리본 캠페인: 매년 10월, '유방암 인식 향상의 달'을 맞아 유방암 예방의 상징인 핑크 리본을 달고, 여성 탑승객들에게 유방암 자가진단 카드를 배포하는 등 캠페인을 전개하고 있으며, 객실승무원들은 자체 모금을 통해 암협회에 전달하는 기부 활동을 펼치고 있다.
- 사랑의 연탄 나눔: 2009년부터 어려운 이웃을 위해 사단법인 '따뜻한 한반도 사랑의 연탄 나눔 운동'에 연탄을 기증하고, 그중 일부를 직접 배달해 이웃사랑을 실천하고 있다.
- 1사 1촌 자매결연: 강원도 홍천군의 명동리 마을과 1사1촌 자매결

연을 하고 있으며, 대한항공 직원으로 구성된 자원봉사자들이 직접 방문해 마을시설 보수 및 농촌 일손 돕기 등 노력 봉사와 어르신들의 건강검진 등 의료봉사 활동을 펼치고 있다.

재난 구호 활동
· 2005년 미국 남부, 허리케인 카트리나 피해 지원
· 2008년 중국 쓰촨성, 지진 구호물품 전달
· 2011년 일본, 지진 피해 지원
· 2013년 필리핀, 태풍 하이엔 피해 구호물품 지원

교육을 통한 인재육성

문화/예술/스포츠 후원

⑦ 수상내역
· 글로벌 경영협회 주관, 글로벌고객만족도(GCSI) 항공여객운송서비스 부문 1위 (13년 연속 수상)
· 에피 어워드(Effie Awards Korea) 2017 디지털 주도 아이디어 부문 금상
· 한국 광고 총연합회 주관, 2017년 대한민국 광고대상 통합미디어 부문 대상
· 한국여행업협회 주관, 2016 여행사 친화적 항공사 대상 수상
· 한국무역협회 주관, 항공우주사업 칠억 불 수출의 탑 수상
· 『GLOBAL TIMES(环球時報)』지 주관, ;중국인에게 사랑받는 최

고의 외국 항공사 TOP3; 선정

· 『漫綠(Travel+Leisure)』지 주관, 'TOP10 항공사' 선정

· '제42회 매일경제 광고대상' 뉴미디어 부문 수상

· AIRBUS 주관, 'A330 Award for Top Operational Excellence' A330/A340 Family Symposium 수상

· '私家地理(Travel+)'지 주관, "2015 최우수 항공사 TOP10" 선정

· 일본능률협회컨설팅 주관, '2015 글로벌고객만족도(GCSI) 조사' 항공 여객운송서비스 부문 1위

· 'Effie Award Korea 2015' 전체 대상 수상

· '한국산업안전보건공단' 주관, 테크센터 무재해 22배수 달성

· 'Business Traveler'지 주관, 'Cellars in the Sky Award 2014' 수상

　　－ Best First Class Fortified or Dessert Wine 2위

　　－ Best Business Class Sparkling Wine 3위

　　－ Best Business Class Wine Cellar 3위

· (주)애드크림－ TVCF.co.kr 주관, 'TVCF AWARD 2014 동상' 수상

· 『동아일보』 선정 '행복기업대상' 수상

· 'Effie Award Korea 2014' 전체 대상 및 디지털 플랫폼 부분상 수상

· 면세업계 최고 권위지 'DFNI(Duty Free News International)' 주관, 2014 DFNI Asia/Pacific Awards－ Best Website Serving the Asia/Pacific Travelling Consumer 선정

· 2014 DFNI 2014 DFNI Global Awards－ Best Inflight Travel Retailer of the Year 선정

- '한국광고학회' 주관 '제21회 올해의 광고상' 인쇄 부분 최우수상
  수상
- 『이코노미스트/중앙일보』 주관 '국가브랜드 대상' 수상
- '한국광고주협회' 선정, '제22회 소비자가 뽑은 좋은 광고상' 문화
  체육관광부 장관상 인쇄 부분 및 좋은 광고상 TV 부문 수상
- 'Voyage(新旅行)' 주관 '최고의 서비스 혁신 항공사' 선정
- '포브스코리아' 주관, '소비자 선정 최고의 브랜드 대상' 수상
- 『Travel & Leisure』지 주관, '최우수 항공사' 선정
- 『Oriental Morning Post』지 주관, '2013년 최고의 외항사' 선정

⑧ 국제 항공동맹 스카이팀

　대한항공은 2000년에 탄생한 글로벌 얼라이언스 스카이팀의 창립
멤버이자, 주도적인 역할을 하고 있다. 현재 20개 회원사로 구성된
스카이팀은 전 세계 177여 개국 1,704개 도시로 매일 16,600여 편의
항공편을 운항하며, 고객의 여행이 더 편안해질 수 있도록 최선을 다
하고 있다.

⑨ 인사 철학

'기업은 곧 인간'

- 사람은 회사의 소중한 자원이다.
- 회사의 발전은 사람을 통해서 이루어진다.
- 회사와 사람의 동시 발전을 추구한다.

인사원칙

| 자율과 책임 존중 | 창의성과 도전정신을 중시 | 열린인사 | 역량과 성과중시 |

인재상: KALMANSHIP

- 진취적 성향의 소유자
- 국제적인 감각의 소유자
- 서비스 정신과 올바른 예절을 지닌 사람
- 성실한 조직인
- Team Player

⑩ 특별 서비스

- 코트룸 서비스: 겨울에 더운 나라로 여행하는 승객들을 위해 코트를 무료로 보관해주는 서비스
- 한 가족 서비스: 장거리 여행이 익숙하지 않은 고객께서 더 편안하게 여행할 수 있도록 돕는 안내 서비스
- 비동반 소아(UM: Unaccompanied Minor) 서비스: 혼자 여행하는 어린이가 출발지 공항에서 탑승권을 받는 순간부터 도착지 공항에서 보호자를 만나기까지 안전하고 편안하게 여행 할 수 있도록 돕는 서비스
- 시·청각 장애인 고객을 위한 서비스: 시·청각 장애인 고객의 편리하고 안전한 여행을 위해 전담 직원이 안내하는 서비스로, 필요시 추가 요금 없이 인도견을 제공하는 서비스

- 항공 침대 서비스: 기내에서 앉은 자세로 여행할 수 없는 승객을
  위한 서비스

2 대한항공 채용공고 예시

대한항공 신입 객실승무원 모집안내

'세계 항공업계를 선도하는 글로벌 항공사' 대한항공에서 기내 안전, 서비스 업무를 수행할 객실승무원을 아래와 같이 모집하오니 많은 지원 바랍니다.

① 지원서 접수 기간
2018년 2월 7일(수)~2월 14일(수) 18:00

② 지원서 접수방법
- 대한항공 채용 홈페이지(http://recruit.koreanair.co.kr)를 통한 인터넷 접수
  ※ 우편, 방문 접수 및 E-mail을 통한 접수를 하지 않습니다.

③ 지원자격
- 해외여행에 결격사유가 없고 병역필 또는 면제자
- 교정시력 1.0 이상인 자
- 기 졸업자 또는 2017년 2월 졸업예정자

· TOEIC 550점 또는 TOEIC Speaking LVL 6 또는 OPIc LVL
  IM 이상 취득한 자
  (2015년 8월 15일 이후 응시한 국내시험에 한함)

④ 전형절차

서류전형 > 1차면접 > 2차면접 영어구술 > 체력/수영 > 3차면접 > 건강진단 > 최종합격

⑤ 제출서류
· 어학성적표 원본 1부
· 최종학교 성적증명서 1부.
· 졸업(예정) 또는 재학 증명서 1부.
  – 석사 학위 이상 소지자는 대학 이상 전 학력 졸업 및 성적증명
    서 제출
· 기타 자격증 사본 1부.
  – 소지자에 한함

⑥ 기타사항
· 국가 보훈 대상자는 관계 법령에 의거하여 우대합니다.
· 영어 구술성적 우수자는 전형 시 우대합니다.
· 태권도, 검도, 유도, 합기도 등 무술 유단자는 전형 시 우대합니다.
· 2년간 인턴으로 근무 후 소정의 심사를 거쳐 정규직으로 전환 가
  능합니다.

· 일정 및 전형절차는 당사 사정에 따라 변경될 수 있습니다.

· 원서 접수 마감일에는 지원자 급증으로 인해 접속이 원활하지 않을 수 있으므로 조기에 원서 제출하시기 바랍니다.

⑦ 문의

대한항공 인사전략실(recruit@koreanair.com)

아시아나항공

1 아시아나항공 분석

① 개요

금호 아시아나 그룹 계열의 아시아나항공은 1988년 '최고의 안전과 서비스를 통한 고객 만족'이라는 경영이념으로 창립되었다. 색동 고운 날개만큼이나 아름다운 미소, 참신하고 정성 어린 서비스로 고객에게 다가가는 아시아나항공은 최신 설비로 안전을 최우선으로 추구하며 미래를 향한 비상을 계속하고 있다.

회사명	아시아나항공 주식회사
창립일	1988년 2월 17일
대표이사 사장	김수천
업 종	항공운수, 토목, 건축, 설비, 전기, 통신, 로고상품, 관광, 호텔, 교육, 기내식 제조판매, 전자상거래, e-business
항공기 보유 수	82대 ('18년 2월 기준)
운항노선	국내선 10개 도시, 11개 노선 / 국제선(여객) 23개 국가, 64개 도시, 78개 노선/ 국제선(화물) 11개 국가, 25개 도시, 22개 노선 ※ 운휴 노선 포함

② 금호 아시아나의 기업 철학

금호아시아나 가치체계

새로운 금호아시아나는 이해 관계자들의 삶을 향상시키고, 업계 최고 1등의 기업 가치를 창출하는 아름다운 기업을 지향한다.

Mission 목적

금호아시아나 그룹 이해 관계자들의 삶의 질 향상

Vision 목표

업계 최고 1등의 기업 가치를 창출하는 아름다운 기업

- 아름다운 기업
    - 지탄을 받지 않고
    - 약속한 바를 꼭 지키며
    - 건실하고 신뢰받는 기업
    - 사회적 책임과
    - 기업으로서의 역할을 다하고
    - 사회에 공헌하는 기업

· 아름다운 사람

   – 열정과 집념을 가지고 각자 자기 분야에서 자기 역할을 다하
     는 사람

③ 아시아나항공의 철학

경영이념

최고의 안전과 서비스를 통한 고객 만족

기업 철학

고객이 원하는 시간과 장소에 가장 빠르고, 안전하고, 쾌적하게 모
시는 것

최고 경영자 철학

고용 증대를 통한 사회 기여와 합리성에 기초한 경영

④ CI 소개

고객과 함께 아름다운 미래로 비상하는 아름다운 기업이 되겠다는
의지를 형상화한 것이며, 금호와 아시아나의 만남을 상징한다.

⑤ 사회공헌 활동

아름다운 나눔

학생 조식 지원사업, 저소득층 가정 학생 조식 지원사업, 연말 김장 행사, 1사 1촌, 전통시장 나들이, 헌혈, 운동, 사랑의 기내 모자 뜨기

아름다운 교실

색동 나래 교실, 교육 기부 박람회, 색동창의 STEAM 교실, 드림 페스티벌

아름다운 문화

아시아나 국제단편영화제, 캐럴 제작 프로젝트, 문화재 보전활동

임직원 봉사활동

아시아나 바자회, 캐빈 승무원 바자회, 아시아나 교육 기부 봉사, 해외 자원 봉사활동, 임직원 릴레이 봉사활동, 팀/지점/동아리 활동

모금 및 물품 기부

급여기금 모금, 유니세프 기내 동전 모으기, 사랑 나누기, 긴급 구호

⑥ 수상내역

자유학기제 유공 교육부 장관 표창장 수상 (2017. 1. 13.)

교육부와 금호아시아그룹이 자유학기제 지원 MOU를 체결하고, 구체적인 지원방법으로 운항시뮬레이터 체험 교실, 승무원 멘토 교실 등 다양한 자유학기제 지원 프로그램을 신설, 운영하여 우수한 지원 실적을 바탕으로 유공 표창을 수상

대한민국 교육 기부 대상 수상(2016. 12. 13.)

업계 유일의 교육 기부 봉사단을 운영하고 색동나래교실, 드림 페스티벌 개최 등 교육 기부 발전과 활성화에 기여한 노력과 공로를 인정받아 2014년부터 3년 연속 교육부 장관 표창을 수상

2016 재중 한국 CSR 모범기업 수상(2016. 12. 16.)

중국-아름다운 교실 사업을 비롯하여 중국 취항지에서 활발한 CSR 활동을 통한 기업의 사회적 책임이행 노력을 인정받아 2015년에 이어 2년 연속 CSR 모범기업상을 수상

유니세프 감사패 수상(2016. 12. 20.)

1994년부터 23년째 어린이를 위한 기내모금(Change for Good)을 함께 하는 유니세프로부터 참여 고객분과 승무원들의 헌신과 노력에 대한 감사의 뜻으로 송상현 유니세프한국위원회 회장님으로부터 감사패를 수령

⑦ 스타얼라이언스

스타얼라이언스 네트워크는 하루의 비행량, 목적지 수, 도착지 국가 수, 회원사 규모 등에서 세계 일류의 항공 네트워크이다. 스타얼라이

언스는 1997년 세계 최초로 결성된 항공사 동맹체로, 규모와 서비스의 품격, 안전도에서 세계 최고를 자랑하고 있다.

⑧ 인사 철학

기업의 주체는 바로 사람이다.

사람이 바로 기업의 가장 소중한 자원이며, 기업발전과 영속의 원천이라는 아시아나항공의 인사 철학은 모든 인사제도 전반에 구체화하여 실현되고 있다.

동등한 기회와 공정한 보상을 제공한다.

아시아나항공은 편법과 반칙을 용인하지 않으며, 모든 구성원에게 동등한 기회를 부여하고, 역량 및 성과에 대한 공정한 보상을 실시한다.

기업은 또 하나의 가정이다.

아시아나항공은 자유로운 소통이 가능한 열린 조직문화, 구성원들의 자부심을 가지고 일할 수 있는 집과 같은 일터를 만들기 위해 끊임없이 노력하고 있다.

⑨ 아시아나인상

· 부지런한 아시아나인

근면과 성실, 집념과 끈기로 목표달성을 위해 노력하는 아시아나인

    – 근면하고 성실한 자세로 모든 일에 최선을 다한다.

    – 목표를 반드시 달성하는 강한 의지를 갖는다.

    – 한 템포 빨리 발상하고, 계획하고 행동한다.

· 연구하고 공부하는 아시아나인

자기의 발전과 조직의 발전을 위해 항상 연구하는 아시아나인– 자기의 완성을 위해 끊임없이 투자하고 학습한다.

    – 조직의 발전을 위한 지식증진과 기술개발에 힘쓴다.

    – 정보화 시대를 선도하기 위한 능력을 함양한다.

· 적극적 아시아나인

장기적인 안목을 가지고 긍정적인 사고를 하면서 매사에 적극적으로 대응하는 아시아나인

    – 진취적, 긍정적으로 사고하고 생활한다.

    – 매사에 책임감을 지니고, 솔선수범한다.

    – 자기 자신을 적극적으로 아끼고 사랑한다.

· 서비스 정신이 투철한 아시아나인

투철한 서비스 정신으로 고객 만족을 실현하는 아시아나인

    – 고객의 관점에서 고객을 가족같이 생각한다.

    – 서비스 영역을 구분하지 않는다.

    – 나보다 고객을 중시한다.

⑩ 아시아나 서비스 모토

· 참신한 서비스

최신 기종의 새 비행기와 진부하지 않고 언제나 신선함을 잃지 않는 새로운 마음가짐으로 고객을 모신다.

· 정성 어린 서비스

눈에 보이지 않는 작은 일까지도 한국적인 미덕과 몸에서 배어나는 세심한 배려와 친절로 고객을 모신다.

· 상냥한 서비스

마음에서 우러나오는 밝고 환한 미소와 항상 상냥한 모습으로 고객을 모신다.

· 고급스러운 서비스

기내식과 작은 비품, 행동까지도 품격을 생각하는 최고급의 정신으로 고객을 모신다.

⑪ 특별 서비스

· 딜라이터스

한국 전통의상 행사: 조선 시대 여러 계급의 특별한 의상을 통해 한복의 아름다움을 나타냄.

전통의상 패션 행사: 전통 혼례를 기내에서 간소화해서 한국의 문화를 알려줌.

· 감성 카드 서비스

기내에서 특별한 추억을 사진에 담아 감성적인 켈리그라피로 만든
카드에 넣어 서비스

· 매직 서비스

생일, 결혼기념일, 기타 특별한 기념일, 축하 서비스 및 기념 촬영
(e-mail 발송서비스 가능), Special Cocktail Service

· 바리스타 서비스

전문 핸드드립 바리스타 승무원이 신선한 원두로 손님 앞에서 직접
커피를 추출하고 시연하여, 향기롭고 고급스러운 커피 서비스 제공

· 일러스트

휴양지를 배경으로 프린트된 용지 제작 후, 그 위에 손님의 장점을
최대한 살린 아름다운 캐리커처 제공

· 차밍 서비스

승객들에게 긴 비행시간으로 인하여 건조해진 피부를 촉촉하게 만
들어 줌과 동시에 여행의 즐거움을 제공

· 전통문화체험 (ASIANA ORIENTAL ART SVC TEAM)

퍼스트클래스: 승무원이 직접 사군자와 한글 붓글씨를 쓴 족자 서
비스

비즈니스·이코노미클래스: 승무원들과 일대일로 한국 전통매듭을 이용한 잠자리 모양 매듭 만들기 체험

· 초크아트

Name Tag이나 주차 알림판을 초크아트 공예를 이용하여 요청하신 문구로 제작, 원하시는 손님들께 제공

· 그 외 오즈 러브레터, 타로, 소믈리에, 온 보드 셰프 서비스 등 등 특화서비스가 제공되고 있다. 관련 스케줄별 서비스 일정은 아시아나항공 홈페이지에서 제공되고 있다.

2 아시아나항공 채용공고 예시

ASIANA AIRLINES

2018년 1차 캐빈 승무원 인턴 채용

최고의 안전과 서비스를 통해 고객 만족을 추구하는 아시아나항공의 함께할 새내기 캐빈 승무원을 모집합니다.
국제선 캐빈 승무원 인턴은 당사 국제선 노선에 탑승하여 기내 안전 및 대고객 서비스 업무를 담당하게 되며, 인턴사원으로 1년간 근무 후 소정의 심사를 거쳐 정규직으로 전환됩니다.

① 모집분야 및 모집인원

· 모집구분: 신입인턴
· 모집분야: 국제선 캐빈 인턴
· 주요업무: 국제선에서 기내 안전 및 대고객 서비스 업무 담당

② 지원자격 요건

자격 구분	지원자격
학 력	기졸업자 및 2018년 8월 졸업예정자
전 공	제한 없음
어 학	국내 정기 TOEIC 성적을 소지하신 분(2016년 4월 19일 이후 성적에 한함) ※ 토익성적 미소지자, 해외 토익 소지자 응시 불가 ※ 어학성적 우수자 전형 시 우대
신체조건	기내 안전 및 서비스 업무에 적합한 신체조건을 갖춘 분
시 력	교정시력 1.0 이상 권장 (라식 및 라섹 수술의 경우 3개월 이상 경과 권장)
병 역	남자의 경우 병역을 피하였거나 면제된 분
기 타	영어 구술 성적표(TOEIC Speaking, ESPT, Opic) 소지자에 한하여 기재하며 성적 우수자는 전형 시 우대함 ※ 외국어 성적의 경우 2015년 6월 29일 이후 성적에 한하여 유효

③ 접수기간 및 접수방법

· 접수기간: 2018년 4월 2일(월) 09:00-2018년 4월 19일(목) 17:00

· 마감일은 지원자의 급증으로 인해 지원서 접수가 원활하지 못할 수도 있으니 미리미리 접수하시기 바랍니다.
· 접수방법: 채용정보 페이지 내 온라인 입사 지원

④ 전형절차 및 합격자 발표

· 전형절차

· 발표방법
채용사이트 내 개별 조회

· 참고사항
  - 1차 실무자 면접은 지원자가 선택한 응시지역 또는 당사가 지정한 지역에서 실시함(서울/부산/광주)
  - 2차 임원 면접 시 영어 구술테스트 실시하며, 토익스피킹 레벨 5, OPIC IL등급, ESPT 480점 이상 성적 제출자는 영어 구술테스트 면제
  - 2차 임원 면접 합격자에 한하여 체력측정/건강검진/인성검사 시행
  - 체력측정항목: 악력, 배근력, 윗몸일으키기, 유연성, 수영(자유형 25m 완영)

⑤ 제출서류

· 국문 입사지원서(온라인 작성)

· 기타서류

  – 어학성적표 원본

  – 최종학교 졸업(예정)증명서(편입한 경우 편입 전 학교 증명서 포함)

  – 졸업예정증명서 불가 시 재학증명서 대체 가능

  – 성적증명서(4.5 만점으로 환산, 편입한 경우 편입 전 학교 증명서 포함)

  – 자격증 사본

  – 경력증명서

  – 취업보호 대상 증명원(해당자)

  – 기타 입사지원서에 기재한 내용을 증명할 수 있는 서류

  ※ 상기 서류순서대로 합철, 1차 실무자 면접 합격자에 한하여 2차 면접 시 제출함

⑥ 문의처 및 기타 문의사항

· 문의처

채용 Q&A 게시판

· 유의사항

  – 국가 보훈대상자는 관계법에 따라 우대합니다(관련 증명원 제출 시).

  – 전형단계별 합격자는 당시 인터넷 홈페이지를 통하여 발표합니다.

– 지원서에 허위기재 사실이 판명될 경우 전형중단 및 입사취소는 물론, 향후 당사 지원 시 불이익을 받을 수 있습니다.

제주항공

1

제주항공 분석

2005년 설립 이후 고객의 합리적인 항공여행 가격 요구에 맞춰 빠른 확장을 하고 있고, 항공업계에 지속적으로 혁신을 가져오고 있다. 제주항공은 항공 여행 대중화를 실현하였고, 이전에 시도되지 않았던 방법으로 한국을 관광 목적지로 만들었다. 전 세계에서 가장 바쁜 노선인 김포–제주를 비롯한 국내선과 일본, 중국, 대만, 필리핀, 태국, 베트남, 대양주(괌, 사이판) 등 아시아 주요 도시 20개 이상의 노선을 운항하고 있다. 2015년 1월 기준으로 1,100명의 임직원이 근무하고 있으며, 서울 김포와 인천 공항을 주요 거점으로 운항하고 있다.

① Mission

신선한 서비스와 부담 없는 가격, 안전하고 즐거운 비행으로 고객과의 약속을 지키는 항공사

② Vision

동북아 No.1 LCC

START 2020 핵심가치를 동력으로 연 매출 20%의 성장과 매년 20개의 노선 연계상품을 개발하여, 2020년까지 매출 1조 5천억, 60여 개의 노선을 달성한다.

③ 제주항공 취항지

나 라	도 시
대한민국	타이베이(도원)
대양주	괌, 사이판
말레이시아	코타키나발루
베트남	다낭, 하노이
일 본	나고야(주부), 도쿄(나리타), 삿포로(신치토세), 오사카(간사이), 오키나와(나하), 후쿠오카
중 국	베이징, 스좌좡, 웨이하이, 자무스, 칭다오
태 국	방콕(수완나폼)
필리핀	마닐라, 세부
홍 콩	홍콩

④ 인재상

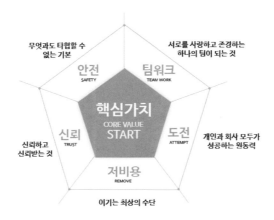

⑤ 조직문화

· 자율복장

획일화된 근무복장을 벗어나 비즈니스 상황에 맞는 자율복장을 도
입하여 유연한 옷차림을 통해 자율과 창의, 도전정신을 바탕으로 개
개인의 개성을 존중하자는 의미이다.

· CEO와의 소통

개인별 연 1회 이상 CEO와 직접 회사의 경영상황 및 방향성에 대해 공유할 수 있도록 다양한 소통의 장을 마련하고 있다.

· 각종 행사

연간 창립기념행사, 크리스마스 행사, 본부별 생일자 축하행사 등 다양한 행사 등을 통해 FUN 경영을 실천하고 있다.

⑥ 제주항공 BI

JEJUair

제주항공의 새로운 BI(Brand Identity)는 창립 10주년을 맞이하여, 진취적이고 신뢰감을 주는 항공사 이미지를 추구하며 아시아 최고의 LCC로 발돋움하기 위한 의지를 제주의 자연을 형상화한 디자인으로 표현했다.

영문 로고 중 'i'에 깃발 형상을 나타내 제주항공을 이용하는 소비자들을 맞이하는 반가움과 환영의 의미를, 제주항공 임직원들에게는 전 세계로 뻗어 나가는 리더십과 대표성을 상징한다.

활기차고, 즐거움을 주는 제주의 감귤색인 오렌지 색상을 좀 더 선명하게 변화하였고, 특히 'i'의 깃발 형상의 포인트 블루칼라를 추가하여 안전함과 신뢰감을 더하였으며, 오렌지칼라와 조화를 통해 Fresh 함을 강화하였다.

또 디자인 전체적으로 기존 오렌지 단일색상에서 새로운 추가된 블루 색상을 추가해 다양화함으로써 아시아 전역으로 노선망을 확대해 소비자에게 다양한 서비스를 제공한다는 의미도 함축하고 있다.

⑦ 특별 서비스

- 기내 FUN 서비스팀
  - 게임 팀: 가위바위보, OX Quiz, 기내빙고 등 기내에서 승객들과 즐기는 게임 서비스
  - 뷰티풀 플라이트: 창밖으로 보이는 야경을 안내해주는 서비스
  - 매직팀: 카드 마술, 딜라이트 공연, 무대 마술 등 기내 마술 공연 서비스
  - 일러스트 팀: 일러스트 팀 승무원이 직접 그려주는 캐리커처와 페이스 페인팅 서비스
  - 풍선의 달인: 귀여운 하트 풍선에서 예쁜 꽃 팔찌까지, 승무원이 직접 만든 다양한 풍선을 선물하는 서비스
  - 악기 연주팀: 기내에서 즐겁고 신나는 악기로 연주하는 서비스
  - 제이제이 팀: 고객님의 신청 사연에 깜짝 이벤트로 감동을 선물할 기내이벤트 서비스
  - JAFUN 팀: 일본노선 특화서비스

제주항공 채용공고 예시

JEJUair

① 모집부문

모집 구분	전형 구분	근무지	채용 인원	직무내용	지원자격
인턴 객실 승무원 (정규직 전환형)	일반	서울 인천	0 0 명	기내 안전 및 대고객 서비스 담당	(공통필수) · 공인어학 성적 보유자 (아래 내용 중 1개 이상 해당자) – TOEIC 550점 이상 – TOEIC SPEAKING Lv. 5 이상 – OPIC IM 이상 (우대사항) · 중국어 어학성적 보유자 (아래 내용 중 1개 이상 해당자) – 新HSK 5급 이상 – HSKK 중급 이상 · 일본어 어학성적 보유자 (아래 내용 중 1개 이상 해당자) – 新JLPT N3 이상 – JPT 550점 이상 – SJPT Lv. 5 이상 · 러시아어 어학성적 보유자 (아래 내용 중 1개 이상 해당자) – TORFL 1단계 이상 – FLEX 28 이상 (듣기, 읽기/쓰기/말하기 각각 해당 등급 이상 보유자)
		부산			
	재주 캐스 팅	서울 인천			(공통필수) · 공인어학 성적 보유자 (아래 내용 중 1개 이상 해당자) – TOEIC 550점 이상 – TOEIC SPEAKING Lv. 5 이상 – OPIC IM 이상

※ 재주캐스팅 및 다른 일반전형과 중복지원 시 불이익이 있습니다.

－ 중국어, 일본어 및 영어 특기자는 입사지원서 작성 및 어학 특기 구분 중 중국어, 일본어, 영어 필수 선택

－ 접수일 기준 취득 2년 이내의 공인어학 점수에 한함(필수사항)

－ 상기 공인어학 점수 외 이에 상응하는 공인어학 점수로 대체 가능

－ 해외 체류자 혹은 이민자, 유학자의 경우에도 어학성적표 필수

② 유의사항

인턴(수습) 기간은 최대 2년이며, 기간 종료 시점에 전환 평가 후 정규직 전환 시행

③ 전형절차

· 정규직 전환형 인턴승무원

STEP1	STEP2	STEP3	STEP4	STEP5
서류전형	실무면접 및 어학토론	임원면접 및 체력검정	신체검사	최종합격

· 재주캐스팅

STEP1	STEP2	STEP3	STEP4
재주캐스팅 전형	임원면접 및 체력검정	신체검사	최종합격

④ 접수방법

당사 채용홈페이지(recruit.jejuair.net)의 '채용안내/입사지원'란에 해당 공고 선택하여 작성 후 제출

⑤ **접수기간**

2017년 2월 27일(월)-2017년 3월 12일(일) 24:00

⑥ **문의사항**

이메일: recruit.jejuair@jejuair.net

진에어

1

진에어 분석

① 개요

실용항공사 진에어는 2008년 설립을 시작으로 국내 대표 노선인 김포-제주 노선에서 연간 여객 점유율 1위를 차지하는 등 사랑받는 대표 LCC로 성장하고 있다. 국내 LCC 중 동남아 최다 노선을 확보(15년 말 기준)하는 등 규모와 그 성장에 있어서 시장 리더십을 강화하고 있고, 중대형 항공기(B777-200ER) 지속 도입, 장거리 노선(인천-호놀룰루) 최초 취항 등으로 시장의 혁신을 이끌며 더 큰 비상을 준비하고 있다.

② Vision

즐거운 여행의 시작과 끝
더 나은 여행을 위한 가장 스마트한 선택
아시아 대표 실용 항공사, 진에어

③ Mission

- 합리적인 소비자가 선택하는 스마트&실용 항공사
- 다양하고 차별화된 서비스와 즐거움을 제공하는 딜라이트 항공사
- 글로벌 스탠다드 수준의 안전하고 신뢰가 가는 항공사

④ 진에어 슬로건 Fly, better fly

더 나은 항공여행이란?

- 핵심적인 서비스는 세련된 감각으로 강화하고,
- 불필요한 서비스는 과감하게 버리고,
- 복잡한 수속이나 규정은 심플하게 변경하고,
- 열정과 혁신으로 철저한 비용 절감을 통하여
- 매우 합리적이며 경쟁력 있는 항공요금을 제공하는 것이
- 진에어가 추구하는 Fly, better fly의 젊은 정신이다.

⑤ 취항지

나 라	도 시
대한민국	서울(김포), 서울(인천), 제주도, 부산(김해), 청주, 양양
일 본	도쿄, 오사카, 후쿠오카, 삿포로, 오키나와
중 국	홍콩, 마카오, 상하이, 시안, 우시
동남아	방콕, 세부, 클락, 비엔타안, 하노이, 다낭, 코타키나발루, 타이베이
대양주/미주	괌, 호놀룰루, 사이판

⑥ 진에어 CI

심벌마크

명칭(나비)

· 의미: 자유롭게 날아다니는 나비의 형상에 비행기를 결합하여 한 자리에 머무르지 않고 새롭고 이국적인 곳을 향해 떠나는 여행자의 특성을 상징한다.

로고

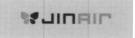

⑦ 특별 서비스

· 딜라이트 기내방송 서비스

"흡연은 항공기 밖에서만 가능함을 알려드립니다."/ "오늘 비행 중 기상은 좋을 것으로 예보되었으나, 기류 영향으로 비행기가 조금 놀라 부르르 떨 수도 있습니다."/ "이륙 후 지름길을 이용하여 빨리 도착할 수 있도록 노력하겠습니다." 등과 같이 국내에서 기존에 볼 수 없었던 형태로 환영 인사, 좌석 벨트 상시 착용 안내, 기내 판매, 도착 안내 등 각종 기내방송을 선보이고 있다.

2 진에어 채용공고 예시

2018년 진에어 객실승무원 채용

① 접수기간

2018년 2월 9일(금)–2018년 2월 19일(월) 18시까지

② 지원자격

- 기졸업자 또는 2018년 8월 졸업예정자
- TOEIC 550점 또는 TOEIC Speaking LVL6 이상 또는 OPIc IM 이상 어학 보유자(16년 3월 이후 국내시험)
- 교정시력 1.0 이상

③ 지원방법

홈페이지 지원(http://jinair.career.co.kr/)

④ 전형절차

서류전형→1차면접→2차면접(영어구술TEST)→건강진단 및 체력 TEST→최종합격

⑤ 근무지

서울/부산(중복지원 불가)

⑥ 기타사항

- 국가보훈대상자는 관계 법령에 의거하여 우대합니다.
- 제2외국어(일본어, 중국어) 능통자는 전형 시 우대합니다.
- 객실승무원은 2년 간 인턴으로 근무 후 소정의 심사를 거쳐 정규직으로 전환 가능합니다.

- 전형단계별 일정 및 합격발표는 채용 홈페이지에 별도 공지 예정입니다.
- 제출된 서류는 채용 목적 이외에는 사용하지 않습니다.
- 졸업예정자의 경우 학기 중 입사가 가능하며 8월 졸업이 가능한 자에 한합니다.

⑦ 문의처

- 문의 전, 공지사항을 먼저 확인하시기 바랍니다.
- 기타 지원 관련 문의사항은 채용문의 게시판을 이용해 주시기 바랍니다.

에어부산

1 에어부산 분석

① 개요

에어부산은 부산 지역의 항공 산업 발전, 부산 지역민의 항공편 이용 편의 증진, 지역 일자리 창출 등을 위해 설립되었다. 아시아나항공과 부산광역시가 대주주인 에어부산은 2008년 10월 김해 국제공항을 허브공항으로 하여 부산-김포 노선에 첫 운항을 시작하였다.

② Vision

업계 최고 1등의 기업 가치를 창출하는 아름다운 기업

③ 경영이념

완벽한 안전, 편리한 서비스, 실용적인 가격으로 최고의 고객가치 창조

④ 에어부산 서비스 모토

⑤ 취항지

나 라	도 시
대한민국	김포, 제주, 대구, 부산
일 본	삿포로, 도쿄, 오사카, 후쿠오카
중 국	옌지, 칭다오, 시안, 장가계, 홍콩, 마카오
몽 골	울란바토르
동남아	다낭, 씨엠립, 타이베이, 가오슝, 세부
미 국	괌

⑥ CI

바다의 물결과 하나 되어 힘차게 날갯짓하는 모습의 역동적인 갈매기 심볼로, 부산의 바다, 갈매기, 하늘 3가지를 조합하여 하나의 이미지 요소로 표현하였으며, 부산을 상징하는 갈매기 심볼과 BUSAN이 강조된 워드마크의 조화로 고객의 기대에 부응하는 AIR BUSAN의 글로벌 도약 의지와 희망을 표현했다.

⑦ 에어부산 캐릭터

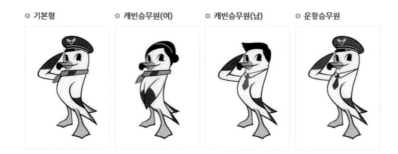

○ 기본형   ○ 캐빈승무원(여)   ○ 캐빈승무원(남)   ○ 운항승무원

⑧ 에어부산 인상

고객중심
고객을 위해 최선을 다하는
에어부산인

협동
배려하며 솔선수범하는
에어부산인

에·어·부·산·인·상

열정
열과 성의를 다하는
에어부산인

도전과 창의
끊임없이 연구하고 도전하는
에어부산인

⑨ 조직문화

자부심
Pride

재미
Fun

3대
추/진/방/향

신뢰
Trust

⑩ 특별 서비스

· Letters to AIR BUSAN: 에어부산 캐릭터로 만들어진 예쁜 엽서에 승무원이 사연을 직접 정성스레 적어 승객 탑승 편에 전달해 드리는 서비스
· 매직 서비스: 에어부산 승무원들로 구성된 플라잉 매직 팀이 매직쇼 제공
· 타로 서비스: 기내에서 승객에게 객실승무원이 직접 타로점을 봐주는 서비스
· Blue Beauty 서비스: 기내에서 캐빈 승무원이 직접 핸드 마사지와 핸드 팩
· 플라잉 바리스타 서비스: 고품질의 커피를 캐빈 승무원이 직접 핸드드립 하여 제공
· 블루 하모니: 에어부산 블루 하모니는 기내에서 기타, 바이올린, 플루트, 첼로 등 연주

2 에어부산 채용공고 예시

에어부산 2018년 중반기 캐빈 승무원(신입 인턴) 채용

에어부산과 함께 '업계 최고 1등의 기업 가치를 창출하는 아름다운 기업'을 만들어 갈 신입 캐빈 인턴승무원을 모집합니다.
캐빈 인턴승무원은 2년간 근무 후 소정의 심사를 거쳐 정규직으로 전환됩니다.

① 모집분야 및 모집인원

- 모집구분: 신입
- 모집분야: 캐빈 인턴
- 모집인원: 00명
- 주요업무: 기내 안전 및 대고객 서비스 업무 담당
- 근무지: 부산
- 입사예정: 18년 3월 초

② 지원자격 요건

자격구분	지원자격
학 력	기졸업자 또는 18년 8월 이전 졸업예정자(해당 월 포함)
전 공	전공 무관
어 학	국내 정기 영어시험 성적을 소지하신 분(필수) 영어, 일본어, 중국어 성적 우수자는 전형 시 우대 (17년 2월 이후 취득한 국내 정기시험에 한함)
신체조건	기내 안전 및 서비스 업무에 적합한 신체조건을 갖춘 분
병 역	남자의 경우 병역을 필하거나 면제된 분
기 타	해외여행에 결격사유에 없는 분

③ 전형절차 및 합격자 발표

- 전형절차

· 합격자 발표일

    – 서류전형결과 발표: 2018년 2월 5일(월) 18시 이후

    ※ 상기 일정은 회사 사정에 의해 변경될 수 있으며, 일정 변경 시 별도 안내 예정입니다.

    · 참고사항

    – 전형 전 과정에서 증명사진을 제출하지 않습니다.

    – 전형 전 과정은 부산에서 진행됩니다.

    – 체력측정항목: 악력, 배근력, 유연성, 지구력

    – 수영: 자유형 25m 완영 조건

④ 접수기간 및 접수방법

· 접수기간: 2018년 1월 25일(목) 13:00–2018년 1월 31일(수) 18:00

· 마감일은 지원자의 급증으로 인해 지원서 접수가 원활하지 못할 수도 있으니 미리 접수하시기 바랍니다.

· 접수방법: 채용정보 페이지 내 온라인 입사지원

    ※ 지원서 저장 후 '최종제출'을 하셔야만 정상적으로 접수가 되니 유의하시기 바랍니다.

⑤ 제출서류

· 국문 입사지원서(온라인 작성)

· 기타서류

    – 주민등록등본

    – 어학성적표 원본

- 최종학교 졸업(예정)증명서(편입한 경우 편입 전 학교 증명서
  포함)
- 졸업예정증명서 발급 불가 시 재학증명서 대체 가능
- 성적증명서(4.5 만점으로 환산, 편입한 경우 편입 전 학교 증
  명서 포함)
- 자격증 사본
- 국가보훈증명원, 장애인 증명원(해당자)
- 기타 입사지원서에 기재한 내용을 증명할 수 있는 서류
※ 제출서류는 2차 면접 합격자에 한하여, 2차 면접 시 제출합
  니다.
※ 제출서류는 2차 면접 당일 반환됩니다.

⑥ 문의처 및 기타 문의사항

· 문의처

채용홈페이지 내 Q&A 게시판

· 유의사항
- 국가보훈대상자 및 장애인은 관계법에 의거하여 우대합니다
  (관련 증명원 제출 시).
- 전형단계별 합격자는 당사 인터넷 홈페이지를 통하여 발표합
  니다.
- 지원서에 허위기재 사실이 판명될 경우 전형중단 및 입사 취
  소는 물론, 향후 당사 지원 시 불이익을 받을 수 있습니다.
- 홈페이지에 등재된 자격증 및 기타 국가공인자격증 외에 사
  설, 해외취득 자격증은 인정되지 않습니다.

에어서울

1 에어서울 분석

① 개요

회사명	에어서울 주식회사
업 종	항공운수, 화물운송, 통신판매, 면세 및 토산품 판매, 관광, 기내식 제조판매, 전자상거래, e-business 등
창립일	2015년 4월 7일
자본금	150억
항공기 보유 수 (2017년 12월 기준)	6대

운항노선 (2017년 12월 기준)	총 16개 노선 (일본 10개 노선, 동남아 5개 노선, 대양주 1개 노선)
	일 본 도쿄, 오사카, 시즈오카, 다카마쓰, 요나고, 동남아 히로시마, 도야마, 나가사키, 우베, 구마모토 대양주 홍콩, 마카오, 코타키나발루, 씨엠립, 보라카이, 괌

② 기업문화

소통하고 배려하는 조화로운 문화
- 서로를 아끼고 존중하는 아름다운 회사
- 고객과 소통하는 열린 회사

AIR SEOUL

변화를 두려워하지 않는 도전적인 문화
- Trend를 이해하고 변화를 주도하는 회사
- 끊임없이 연구하여 Market을 리드하는 회사

긍정의 에너지가 넘치는 창의적인 문화
- 젊음과 패기가 넘치는 활기찬 회사
- 창의적인 아이디어를 지향하는 혁신적인 회사

③ 기업철학

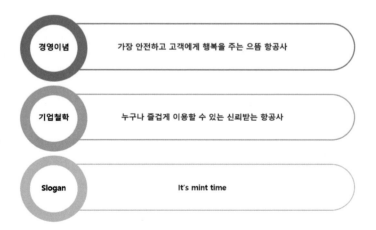

경영이념	가장 안전하고 고객에게 행복을 주는 으뜸 항공사
기업철학	누구나 즐겁게 이용할 수 있는 신뢰받는 항공사
Slogan	It's mint time

최고의 안전

행복한 서비스

신뢰받는 기업

④ CI

모던하고 간결한 글꼴의 워드마크는 에어서울의 세련됨과 합리적 서비스를 상징한다. 브랜드 칼라인 Air Seoul MINT는 에어서울의 서비스 가치인 Open, Refresh, Relax, Pleasant를 상징한다.

ΛIR SEOUL

⑤ 보유 항공기

· AIRBUS 321-200

⑥ 차별화 서비스

· 안전

· 넓은 좌석 간격

· 편리한 예약/발권 시스템

에어서울 채용공고 예시

AIR SEOUL

2017년도 에어서울 채용공고

① 모집분야 및 모집인원

직 군	근무 지역	채용 인원	직 무	필수 자격요건
캐빈 승무원	서울 / 경인	00명	캐빈 서비스직(인턴) - 기내 안전, 대고객 서비스 업무 - 1년 근무 후 심사를 거쳐 정규직 전환	- 전문학사 이상(전공 무관)

※ 해외여행에 결격사유가 없는 자

※ 남자의 경우 병역을 필하였거나 면제된 자

② 지원자격요건

자격구분	지원자격
학 력	전문학사 이상 학력 소지자 (기졸업자 및 2018년 2월 졸업 예정자 포함)
전 공	제한 없음
어 학	국내 정기 TOEIC 성적 소지자(필수)
신체조건	기내 안전 및 서비스 업무에 적합한 신체조건을 갖춘 분
시 력	교정시력 1.0 이상 권장
병 역	남자의 경우 병역을 필하였거나 면제된 분

기 타	영어 구술 성적표(TOEIC Speaking, GST 구술시험, OPIc)는 소지자에 한하여 기재하며 성적 우수자는 전형 시 우대함 ※ 외국어 성적의 경우 지원 마감일 기준 2년 이내 국내 정기시험 성적만 인정

③ 입사지원서 접수

가. 입사지원서 접수: 2017년 4월 3일(월)–4월 21일(금) 오후 6시

나. 서류전형 합격자 발표(인턴): 2017년 5월 8일(월) 오후 5시(홈페이지 및 E–mail 공지)

다. 접수처: 에어서울 채용사이트(http://recruit.flyairseoul.com)에서 온라인접수만 가능

라. 마감일은 지원자의 급증으로 인해 지원서 접수가 원활하지 못할 수도 있으니 미리미리 접수하시기 바랍니다.

④ 전형절차 및 합격자 발표

가. 전형방법

나. 발표방법: 채용사이트 내 개별 조회

다. 참고사항

　　– 1, 2차 면접일정 및 최종 입사일은 차후 안내 예정

　　– 2차(임원)면접 합격자에 대해 체력측정/건강검진/인성검사 시행

　　※ 체력측정 항목– 배근력, 악력, 윗몸일으키기, 유연성

⑤ 제출서류

가. 국문 입사지원서(온라인 작성)

나. 기타서류(2차 면접 시 제출)

- 어학성적표 원본
- 최종학교 졸업(예정)증명서(편입한 경우 편입 전, 학교 증명서 포함)
- 졸업예정증명서 발급 불가 시 재학증명서 대체 가능
- 성적증명서(4.5 만점으로 환산, 편입한 경우 편입 전 학교 증명서 포함)
- 자격증 사본
- 경력증명서
- 취업 보호 대상(해당자)
- 기타 입사지원서에 기재한 내용을 증빙할 수 있는 서류

⑥ 기타

가. 국가보훈대상자는 관계법에 의거 우대합니다.

나. 필요 어학 자격 및 학위 보유자는 우대합니다.

다. 지원사항 및 제출서류에 허위사실이 있는 경우 채용이 취소 될 수 있습니다.

라. 지원자 본인이 직접 제출한 서류는 반환이 가능하며, 자세한 사항은 에어서울 채용 사이트 內 공지사항을 참조하시기 바랍니다.

티웨이항공

1

티웨이항공 분석

   티웨이항공의 전신은 2004년 설립된 (주)한성항공이다. 한성항공은 국내 최초의 저가 항공사(LCC)로 충청지역(청주국제공항)을 기반으로 출범했다. 2010년에 회사 이름을 지금의 (주)티웨이항공으로 바꾸었다. 티웨이항공의 T는 Together(함께), Today(오늘)와 Tomorrow(내일) 등을 뜻한다.

① 경영이념
함께 하는 우리들의 항공사

② 실행목표
- 첫째도 안전, 둘째도 안전
- 가족같이 편안한 서비스
- 화합하고 배려하는 기업문화

③ 취항지

나 라	도 시
대한민국	김포, 인천, 제주, 대구, 광주, 무안

일 본	인천-도쿄(나리타), 인천-사가, 인천-삿포로, 인천-오사카, 인천-오이타, 인천-오키나와, 인천-후쿠오카, 대구-도쿄(나리타), 대구-오사카, 대구-후쿠오카
중 국	인천-마카오, 인천-산야, 인천-원저우, 인천-인촨, 인천-지난, 인천-칭다오, 대구-상하이
동남아	김포-타이베이(송산), 인천-다낭, 인천-방콕, 인천-비엔티안, 인천-호찌민, 대구-타이베이(타오위안)
대양주	인천-괌, 대구-괌, 오사카-괌

④ 슬로건

Happy T'way it's yours

⑤ 로고 타입

t'way 티웨이항공

　모두 소문자로 구성된 티웨이항공의 메인 로고는 기성세대의 틀을 깨고 세련되면서도 합리적인 태도로 고품격 항공 서비스를 제공하겠다는 항공사의 의지를 내포한다. 경쾌하고 즐거운 축제를 떠올리게 하는 카니발 레드(carnival red) 및 스코틀랜드와 잉글랜드의 합병으로 그레이트브리튼 왕국이 성립. 영국 전성기를 상징하는 퀸앤그린(Queen Anne) 컬러를 이용, 티웨이 정신을 바탕으로 항공 업계의 새로운 미래를 창조해 나가겠다는 다짐을 의미한다.

⑥ 특별 서비스

A. U'story 서비스

생일, 결혼기념일, 프러포즈 등을 사전 예약하면 객실승무원들이 직접 축하해 주는 서비스로 승객에게 승무원이 편지를 전달하고 기내방송으로 함께 축하하는 서비스

B. Event Flight

- 캘리웨이(Calli'Way): t'way의 승무원으로 구성된 캘리그라피팀이 고객님에게 손글씨를 직접 써서 전달하는 서비스
- 티하모니(t'Harmony): 승객에게 행복의 노래를 선사하는 t'way 객실승무원 성악팀
- 티심포니(t'Symphony): 티웨이+심포니의 의미로 티웨이항공의 객실승무원 악기 연주팀

2 티웨이항공 채용공고 예시

2018년 티웨이항공 채용공고

t'way

① 모집부문 및 응시자격

모집 부문	구 분	인 원	응시자격 및 우대사항	근무지
객실 승무	경력	00명	– 객실승무원 3년 이상 경력자 – 부사무장 이상 경력자 우대	서 울

	신입
	인턴
		00명	– TOEIC 600점 이상 성적 소지자
			  (2016년 2월 이후 국내 정기시
			  험취득 조건)
			– 제2외국어(중국어, 일본어) 능력	

공통 사항			– 기졸업자 및 2018년 8월 졸업예정자 (졸업예정자인 경우 3월 중 입사 가능한 자) – 해당 분야 관련 자격증 소지자 우대 – 취업보호대상자 및 장애인은 관련법에 의거 우대 – 남자의 경우 병역필 또는 면제자 – 해외여행에 결격사유가 없는 자 – 신체검사 기준에 결격사유가 없는 자	

※ 근무지는 회사 사정에 따라 변경될 수 있습니다.

※ 신입 인턴의 경우, 인턴사원으로 근무(1년) 후 심사를 거쳐 정규직으로 전환됩니다.

※ 지원 분야별 중복지원은 불가능합니다.

② 접수 및 발표

1. 서류접수: 2018년 1월 25일(목)~2월 3일(토) 23:59

2. 접수 및 발표: 채용사이트(http://recruit.twayair.com/)에서 온라인접수 및 조회 가능

※ 마감일은 접속 폭주가 예상되오니, 마감일 이전에 접수하여 주시기 바랍니다.

③ 전형절차 및 일정

· 객실 승무 신입 인턴

　서류전형-1차 면접-2차 면접-수영 TEST-3차 면접-신체검
　사-최종합격

· 서류전형 합격자 발표: 2018년 2월 5일(월) 17:00 이후

· 면접전형: 2월 2중 진행 예정(1차 면접 예정: 2018년 2월 7일
　(수)~8일(목)

　※ 세부 일정은 서류전형 합격자 발표 시 공지 예정

　※ 입사(예정)일: 2018년 3월 12일(월) 이후

④ 제출서류

1. 공통서류

　· 최종학교 졸업(예정)증명서 및 성적증명서

　　(석사 이상 학위 소지자는 학부 포함, 편입의 경우 편입 전 성
　　적증명서 포함)

2. 해당자 제출서류

　· 공인기관 발행 어학 성적증명서 원본

　· 자격증 사본

　· 경력증명서

　· 취업 보호대상자 및 장애인 증명원

　※ 생년월일을 제외한 주민등록번호는 수집하지 않습니다. 주민
　　등록번호 뒷자리는 삭제하신 후, 서류 제출 바랍니다.

　※ 제출한 서류는 최종합격자 발표 후 14일 이내에 반환요청이
　　있는 경우에 한하여 반환됩니다.

이스타항공

1

이스타항공 분석

　대한민국 새로운 기회의 땅, '동북아의 두바이', 새만금에 둥지를 틀고 제주와 김포, 군산, 청주를 잇는 항공사로 출발하지만, 2010년 한·중·일 항공 자유화(OPEN SKIES)를 발판삼아 아시아 최고의 항공사가 되겠다는 자부심을 갖고 있다.

① 비전

핵심가치	미션	경영이념
비행안전 고객감동 저비용	행복주고 사랑받는 국민항공사 짜릿한 가격으로 추억을 선사하는 서비스 안전을 기반으로 하는 기업문화	고객과 함께한다. 최고를 추구한다. 새로움을 추구한다.

② 취항지

나 라	도 시
대한민국	김포, 인천, 제주, 부산, 청주, 군산
일 본	인천-나리타(도쿄), 인천-간사이(오사카), 인천-오키나와, 인천-후쿠오카, 부산-간사이(오사카)

중 국	인천-지난, 청주-선양, 청주-옌지, 청주-푸동(상하이), 청주-하얼빈, 청주-다롄, 청주-닝보
동남아, 동북아	김포-송산(타이베이), 인천-타오위안(타이베이), 인천-홍콩, 인천-방콕, 인천-푸켓, 인천-코타키나발루, 인천-씨엠립(캄보디아), 부산-방콕

③ 로고 마크

전체적으로 이탤릭체를 통하여 빠르고 진취적이며 역동적인 느낌을 전달하는 동시에 각각의 글자는 날카로운 돌출 부분으로 시작하면서 중간에 라운드를 부드럽게 감싸는 형상을 통하여 딱딱하고 거친 진취가 아닌 부드럽고 유연한 역동성, 적극성과 자취를 표현하고 있다.

EASTAR JET
이스타항공

④ 특별 서비스

· 기내 이벤트

승무원으로 구성된 이스타항공의 이벤트 팀이 가위바위보, 퀴즈, 기내 체조, LED 댄스, 라디오 이스타 등을 제공하고 있다.

2
이스타항공 채용공고 예시

2018년도 이스타항공(주)
객실 인턴승무원 모집

EASTAR JET
이스타항공

① 지원서 접수기간

2018년 1월 15일(월)~2018년 1월 28일(일)

- 허위사실이 발견될 경우 채용이 취소될 수 있습니다.

② 지원서 접수방법

당사 홈페이지를 통한 인터넷 접수(http://recruit.eastarjet.com)

※ 우편, 방문접수 및 E-mail을 통한 접수는 시행하지 않습니다.

③ 모집전형

모집전형	인 원	대상자
일반전형	00명	–
다문화가정 특별전형	0명	한국어 능통자
보훈대상자 특별전형	0명	국가유공자 자녀 및 보훈대상자

④ 지원자격

- 기졸업자로서 남자의 경우 군필/면제자(2018년 2월 졸업예정자 가능)
- 나안시력 0.2 이상, 교정시력 1.0 이상인 자(라식 등 시력교정 수술 후 3개월 경과자)
- 신체 건강하며 비행근무에 법적으로 문제가 없는 자
- 해외여행에 결격사유가 없는 자
- TOEIC 550점 이상 또는 이에 준하는 공인시험의 자격을 취득한 자

(토익스피킹 Lv5, OPIC IM2, TEPS 451, TOEFL 63점 이상-2016년 1월 1일 이후 응시한 국내 시험에 한함)

③ 우대사항

· 어학 능력 우수자

가. 중국어: HSK 4급 이상, STC 3급 이상, HSK 회화 중급 이상

나. 일본어: JPT 600점, JLPT 2급

· 기타 개인적 특기 보유자

④ 전형절차

서류전형　　실무자면접　　임원면접　　최종합격

⑤ 기타사항

· 근무지는 서울 본사(강서구 소재)이며 숙소 및 출퇴근 교통은 별도로 제공되지 않음

· 약 10주~12주간 교육 시행 후 국내선 및 국제선 비행근무에 배치

· 인턴 기간 중 또는 정규직 전환 후 학사 일정관계로 실습 및 근무에 차질이 없어야 함

· 본 모집 관련 문의처: 이스타항공 인사총무팀

Part
3

합격을 위한 면접 노하우

철저한 자기 분석이 힘이다

면접을 준비하는 첫 번째 과제는 철저한 자기 분석이다.

이것은 지원자의 강력한 힘이 되어 줄 것이다.

면접 질문의 70% 이상은 지원자의 생각과 경험, 회사와의 적합성에 관한 질문이다. 지금까지의 삶에 대해 정리하고 성찰하는 시간을 진지하게 갖게 되면, 질문 대부분에 대해 답변할 내공을 갖게 되는 것이다.

- 나는 어떤 성향의 사람인가?
- 나는 어떤 경험을 해왔는가?
- 나는 어떤 장점을 가졌는가?
- 나는 어떤 단점을 가졌는가?
- 나는 무엇을 하고 싶은가?
- 나는 무엇을 할 때 행복하고 유능해지는가 등등.

스스로에 대해 충분히 생각할 시간을 갖고, 끈기 있게 정리해본다면 발전방안, 인생계획, 직업과 회사의 적합성 및 동기 등에 대해 지혜와 내공을 갖게 될 것이다. 그리고 어떠한 질문에 대해서도 자신감 있고 진정성 있는 답변을 해낼 수 있을 것이다. 스스로와 깊이 천천히 대화를 나누는 시간을 반드시 가져보자.

2

면접은 설명이 아니라 설득이다

면접은 정해진 시간 내에 직무를 잘 수행할 수 있는 사람을 선발하는 것이다.

더욱이 승무원 면접 시간은 아주 짧다.

구구절절 나에 관해서 설명하는 것은 면접관들을 더 피곤하고 지루하게 할 뿐이다.

어학 사전에서 나와 있듯 설명은 있는 그대로를 전달하는 것이고, 설득은 나의 말로 상대방의 마음을 움직이는 것에 가깝다. 하루에 수백 명의 지원자를 만나는 면접관들의 마음을 사로잡기 위해서는 설명보다는 설득이 더 효과적이다.

설명(說明)

[명사] 어떤 일이나 대상의 내용을 상대편이 잘 알 수 있도록 밝혀 말함. 또는 그런 말.

설득(說得)

[명사] 상대편이 이쪽 편의 이야기를 따르도록 여러 가지로 깨우쳐 말함.

그렇다면, 설명과 설득은 어떤 차이가 있는가?

다음 면접의 예를 보자.

- **면접관**: 우리 항공사에 대해 아는 대로 말해주세요.

- A 지원자: 대한항공은 1969년 3월 1일에 창립되었으며, 항공 동맹체인 스카이팀 멤버입니다. 비전은 세계 항공업계를 선도하는 글로벌 항공사라는 비전을 가지고 있으며, 동북아시아 최고의 항공사로 선정된 바 있습니다. 또한, 비빔밥 기내식으로 머큐리상을 수상한 적도 있습니다.

- B 지원자: 대한항공은 코트룸 서비스, 스카이펫츠, 플라잉 맘 등 다양한 특화서비스로 승객분들께 편안하고 즐거운 비행을 선사하는 항공사입니다. 특히 그중 제가 가장 관심 있는 서비스는 A380 탑승 승객에게 제공하는 셀레스티얼 바 서비스입니다. 저는 식음료에 관심이 많아 소믈리에 자격증을 소지하고 있습니다. 제가 대한항공에 입사한다면 저의 식음료 지식을 활용하여 한층 더 고급스럽고 즐거운 비행을 제공해드릴 수 있을 것으로 생각합니다.

A 지원자는 대한항공 홈페이지에서 검색하면 나올 법한 내용을 나열하며 설명하였다. 면접관 입장에서는 이미 잘 알고 있는 내용일 뿐만 아니라, 지원자에 대한 정보를 전혀 얻지 못했다.

반면, B 지원자의 경우 대한항공의 특화서비스를 높이 평가하는 것과 동시에 본인이 이를 어떻게 활용하여 서비스할 수 있을지를 전달하였다.

면접관 입장에서는 B 지원자의 장점을 잘 파악할 수 있는 정보가 된 것이다.

면접관이 질문을 생각 없이 그대로 받아들이기보다는 왜 그런 질문을 하는지 잘 파악하여 영리하게 나를 어필하는 시간으로 만들어보자.

3

'아' 다르고 '어' 다르다

말은 제목 그대로 '아' 다르고 '어' 다르다.

말을 어떻게 하느냐에 따라 하는 사람의 이미지를 결정짓기도 하고, 듣는 사람의 생각을 바꾸기도 한다.

긍정적인 표현 사용하기

말에는 크게 긍정적인 표현과 부정적인 표현으로 나눌 수 있는데, 우리는 항상 긍정적인 표현을 사용하고자 노력해야 한다. 똑같은 내용의 말을 전달하는 상황에서도 말하는 사람의 마음가짐, 표현에 따라 그 의미가 굉장히 달라지는 경우가 많기 때문이다. 쉬운 예를 하나 들자면, 우리는 습관처럼 '~ 때문에'라는 말은 많이 사용하게 되는데, 사실 '~ 때문에'보다는 '~ 덕분에'라는 표현으로 말하는 것이 훨씬 긍정적인 느낌을 줄 수 있다.

또, 많은 사람들이 겸손하게 말하기 위해 '비록 ~이지만'이라는 표현을 많이 사용하는데, 사실 면접에서는 전혀 필요하지 않는 내용이다. 굳이 본인의 부족한 부분을 면접관에게 알려주지 않아도 된다.

· **면접관**: 본인의 학교생활에 대해 말해보세요

· A 지원자: 저는 비록 학교성적이 좋지는 않지만, 동아리 활동을 열심히 하였습니다. 성적이 더 중요할 수 있지만 저는 동아리 활동을 통해 여러 가지 활동을 하는 것도 중요하다고 생각해서 동아리에 열심히 참여하였습니다. 그래서 많은 대외활동을 하며 저의 부족한 부분을 채웠다고 말씀드리고 싶습니다.

· B 지원자: 저는 대학에 들어가면 꼭 해보고 싶은 것이 동아리 활동이었습니다. 동아리 활동을 통해 사람들과 소통하는 것, 학과 수업 이외의 농촌 봉사 활동이나 팀 프로젝트 공모전을 통해 학교생활이 아니었다면 할 수 없었을 값진 경험을 할 수 있었습니다. 봉사 활동을 통해 열린 마음으로 이해하고 포용할 수 있는 마음가짐을 갖출 수 있었고, 팀 프로젝트 공모전을 하며 내 것만이 아닌 다른 사람들과 협력하고 함께 맞춰 나가는 경험을 통해 소통 능력을 키울 수 있었습니다. 이러한 점은 제가 승무원이 되었을 때 승객들을 이해하고 먼저 생각하며, 팀원들과 소통하는 사람이 될 수 있다고 생각합니다.

이렇듯 A 지원자는 불필요한 말을 함으로써 본인의 부족한 부분을 굳이 면접관에게 알리고 있다. 면접에서는 본인의 장점만을 어필하기에도 부족한 시간이다. 겸손하게 말하고자 본인의 부족한 모습부터 말하는 방법이 아닌 구체적인 사례를 통해 본인의 장점이 잘 드러나는 B 지원자처럼 말할 수 있어야 한다.

두괄식으로 답변하자

답변하는 방법 중 하나는 두괄식 표현이다. 똑같은 내용을 전달한다 하더라도 구성을 어떻게 하냐에 따라 듣는 사람으로 하여금 이해력을 향상시킬 수 있다. 논술에서는 서론-본론-결론으로 작성하게 되는데, 시간이 짧은 면접에서는 서론부터 얘기할 수가 없다. 특히, 글이 아니라 말이기 때문에 집중력이 흐려질 수 있으므로 면접에서는 결론(답)을 먼저 말한 후 이유(풀이)를 말하는 두괄식을 사용하여 답변해야 한다. 특히, 면접관들이 여러분의 답변을 처음부터 끝까지 경청하는 것은 분명 힘든 일이다. 그렇기 때문에 첫 문장과 마지막 문장이 굉장히 중요하다는 것을 기억하고 그때 핵심 포인트를 짚어서 답변하는 것이 나의 답변을 면접관에게 어필하기에 가장 좋다.

· **면접관**: 성격의 장점을 말해보세요.

· A 지원자: 네 저는 사람 만나는 것을 좋아하고 활동적인 것을 좋아합니다. 그래서 학창시절에도 친구들이 아주 많았고, 아르바이트를 할 때에도 사람들과 좋은 관계를 유지할 수 있었습니다. 또한, 활동적인 운동을 많이 해서 체력도 기를 수 있었습니다.

· B 지원자: 제 장점은 넓은 이해능력입니다. 어려서부터 바둑을 통해 형세 판단하는 법을 단련하다 보니 어떠한 일은 한 부분에 대해서 바라보는 것이 아닌 전체를 보고 느끼면서 이해하려고 합니다. 이러한 저의 성격은 인과관계를 파악해서 효과적인 결과를 만드는 데 아주 유용했고, 지금도 친구들은 저에게 '만능키'라고 불러줄 정도로 넓은 이해능력을 갖추고 있습니다.

모든 답변을 두괄식으로 할 수는 없을 것이다. 어떤 답변에는 분명 설명부터 나오는 것이 필요하겠지만, 이처럼 확실한 답이 있는 답변에는 B 지원자처럼 답을 던진 후 그에 따른 설명을 하도록 하자.

4 면접관의 질문 의도를 제대로 파악하자

지원자들은 면접관을 부담스러워하고 꺼린다.

나를 평가하고 판단하는 사람이라는 생각 때문이다.

하지만, 면접관은 맡은 업무가 따로 있는 사람들로, 면접 날 지원자들에게 질문하는 일을 하는 것뿐이다.

그렇다면, 면접관의 목표는 무엇일까? 바로 면접 당일 최적의 자질을 가진 인재를 선발하는 것이다. 면접관은 인재를 뽑는 것이지, 불합격시키기 위해서 있는 사람이 아니라는 뜻이다. 면접관은 면접 지원자들의 강점과 잠재능력을 알고 싶어 하는 협력자로 생각한다면 면접에 임하는 마음가짐이 조금은 편안해질 것이다.

이런 면접관들에게 고민이 있는데, 바로 일할 능력이 부족하고 성실하지 못한 사람을 채용하게 될까 봐 심혈을 기울여 노력한다.

그러므로 면접관의 업무와 목표를 잘 파악하여, 면접관들과 좋은 관계를 맺고 소통하도록 하자. 특히, 면접관의 질문 의도를 제대로 파악하여 답변할 수 있도록 면접관의 말을 잘 경청하고 효과적으로 커뮤니케이션하는 것이 중요하다.

· **면접관**: 대학 시절 가장 후회되는 점이 있나요?

· A 지원자: 저는 대학 시절을 알차게 보냈기 때문에 후회되는 점이 없습니다.

· B 지원자: 네, 저는 대학 생활 4년을 계획적으로 보내기 위해 큰

노력을 했습니다. 하지만 심리에 관련된 교양수업을 수강했더라면 좋았을 걸 하는 아쉬움이 있습니다. 저는 방학 때마다 다양한 아르바이트와 봉사 활동을 하면서 현장에서 다양한 성향의 사람들을 대하는 방법을 배워왔습니다. 하지만 이론으로 심리 공부를 했더라면 더욱 사람을 폭넓게 이해할 수 있을 것 같다는 생각이 들었고, 이에 대한 아쉬움을 해소하기 위해 최근 들어 심리학 서적을 읽고 있습니다.

면접관이 위와 같은 질문을 한 이유가 무엇일까?

후회되는 점이 있다면 걸러내기 위해서일까?

면접관의 의도는 지원자의 대응능력(순발력)과 삶을 대하는 태도에 대한 궁금증을 가지고 질문을 한 것이다.

하지만 A 지원자는 면접관의 질문 의도를 제대로 파악하지 못했고, 후회되는 점이 없다는 성의 없는 답변을 쏟아냈다.

사람이 살면서 아무런 후회 없이 완벽하기만 할 수 있을까? 최선을 다한 경험이라도 분명히 후회가 남는 부분이 있을 것이다. 그리고 이를 면접관도 알고 있다.

오히려 A 지원자의 경직된 답변으로 인해 대화가 더 이루어지기 힘들어졌고, 솔직하지 못하다는 이미지를 전달하였다.

그렇다면, B 지원자의 답변은 어땠을까?

자기 생각을 솔직하게 털어놓은 것뿐만 아니라, 본인이 승무원이 되기 위해 노력한 부분도 함께 어필할 수 있었다. B 지원자의 답변을 통해 면접관들은 이 지원자가 승무원의 업무를 잘하기 위해 많은 노력과 고민을 기울였다는 것을 깨달을 수 있다.

또한, "어떤 심리학 서적을 읽고 있죠?"/ "심리학 서적을 추천해준다면?" "아르바이트를 하면서 어떤 성향의 사람이 힘들었나요?" 등의 추가 질문도 이끌어낼 수 있다.

면접은 곧이곧대로 면접관의 질문에 대답을 하는 것이 아닌, 면접관이 왜 이런 질문을 했을까? 내가 면접관이라면 어떤 것이 궁금할까? 등의 무수한 고민을 통해 면접관의 의도를 파악하고, 면접관과 기업의 니즈에 대한 이해를 키울 수 있다.

5 승무원의 자질과 답변 연결하기

승무원이 갖춰야 할 자질로는 밝은 표정, 정중하고 상냥한 태도, 서비스 마인드, 외국어 능력, 신뢰, 프로정신, 눈치와 센스, 배려심, 책임감, 섬세함, 자기관리 등이 있다.

밝은 표정은 지원자가 면접관에게 직접적으로 보여줄 수 있지만, 다른 자질들은 답변에 녹여서 증명하고 설득해야 한다.

그래야만 면접관은 지원자가 얼마나 승무원의 직무에 대해 잘 이해하고 있는지, 또한 승무원으로서의 자질을 갖추고 있는지를 확인할 수 있다.

· **면접관**: 옆의 지원자를 칭찬해보세요.

· A 지원자: 옆의 지원자분은 매우 조용한 분인 것 같습니다. 대기실에서도 조용히 본인의 면접을 준비하는 모습이었습니다. 저도

조용한 편인데, 저와 성격이 잘 맞을 것 같다는 생각을 하였습니다.

· B 지원자: 옆의 지원자는 많은 장점이 있는 분인 것 같습니다. 그중 제가 가장 칭찬하고 싶은 점은 따뜻한 배려심입니다. 대기실에서 함께 면접을 기다리고 있었는데, "많이 긴장되시죠? 같이 좋은 결과 만들어 봐요."라는 말씀을 해주셔서 긴장된 마음이 편안해지는 느낌이었습니다. 승무원에게는 배려심이 필수 자질이라 생각합니다. 그러므로 옆 지원자분이 승무원이 되시면 승객들에게 좋은 서비스를 제공하는 것뿐만 아니라 동료들, 선후배들과도 배려하며 좋은 팀의 구성원이 되실 거라 생각됩니다.

면접관은 어떤 의도로 옆의 지원자를 칭찬하라는 질문을 했을까?

면접관은 지원자의 커뮤니케이션 능력과 동시에 지원자가 승무원의 직무에 대해 잘 이해하고 있는지를 알고자 질문하였다. 이 질문에 대한 답변 포인트는 승무원의 자질에 맞게 옆 지원자를 칭찬하는 것이 포인트이며, 이를 통해 본인의 자질과 역량을 표현할 수 있게 된다.

A 지원자는 승무원의 자질과 전혀 관계없는 옆 지원자의 있는 그대로의 모습을 답변했다. 이와 같은 답변을 들은 면접관들은 A 지원자의 커뮤니케이션 능력, 센스, 배려심을 높게 평가하지 않게 될 것이며, 승무원의 직무에 대해 이해도가 낮다고 판단할 것이다.

반면, B 지원자는 옆 지원자의 배려심에 대한 에피소드를 말하며, 승무원의 자질에 대한 이해도를 표현하였고, 승무원의 자질에 대해 깊이 생각해 본 지원자라는 인상을 받게 된다.

6
에피소드로 스토리텔링 하기

흔히 지원자들이 많이 하는 실수 중 하나가 면접 답변에 대단한 업적을 넣어야만 좋은 인상을 남길 수 있다고 착각한다.

아무리 훌륭하고 대단한 업적을 가진 사람이라도 면접관의 귀를 열지 못하면, 마음을 사로잡기가 어렵다. 그렇다면, 마음을 사로잡기 위한 답변은 어떤 것일까? 바로 에피소드이다.

사람들은 누구나 에피소드를 가지고 있다. 아르바이트하면서 보람 있었던 일, 그 당시에는 고객으로 인해 힘들었지만 지나고 보니 깨달음이 있었던 일, 학교 동아리 활동을 하며 느꼈던 감정들 등등.

거창한 말들보다 나만의 에피소드를 말하면서 나를 어필하고, 더 감성적으로 면접관들에게 다가설 수 있다. 이때 답변의 구조는 질문에 대한 답변을 먼저 두괄식 형태로 넣고, 답변을 뒷받침할 수 있는 에피소드를 뒤에 덧붙인다.

· **면접관**: 자신의 거주지 소개를 해주세요.

· A 지원자: 저의 거주지는 대구입니다. 대구는 사과가 유명하고, 날씨가 상당히 더워 여름에는 대프리카라고 부릅니다.

· B 지원자: 저의 거주지는 대구입니다. 대구는 의료관광산업 도시로 알려져 있습니다. 덕분에 저는 대구에서 대학 생활을 하며 의료관광 엑스포에서 의전으로 다양한 경험을 쌓아올 수 있었습니다. 엑스포에는 다양한 도시에서 온 분들뿐만 아니라, 중국

을 비롯한 다양한 나라에서의 방문객들도 많이 계셨는데, 그분들을 응대하면서 언어와 서비스 마인드 등을 폭넓게 길러 올 수 있었습니다. 간혹, 방문객들께서 대구의 맛집이나 명소들을 물어보시면 지도와 사진까지 찾아드리며 즐겁게 알려 드렸던 기억이 있습니다. 대구는 저를 성장시킨 고마운 도시라고 할 수 있을 것 같습니다.

A 지원자는 단순히 대구의 특산품, 기후 등을 설명해서 임팩트가 없었던 반면, B 지원자는 대구의 특징뿐만 아니라, 본인의 에피소드를 이야기하여 짧은 시간 내에 본인을 어필하였다. 이렇듯, 에피소드는 듣는 사람으로 하여금 마음을 열게 하고 부드럽게 나를 받아들일 수 있는 중요한 장치이다.

그러므로 평상시에 겪는 본인의 다양한 에피소드들을 그때의 감정들과 함께 정리해 두면 면접 시에 활용하기가 좋다.

필자는 대학 시절 항공사 면접준비 시 에피소드 노트를 활용하였는데, 방법은 다음과 같다.

날 짜	에피소드	느낀 점
1/28	화장품을 사러 친구와 백화점에 갔다. 백화점 직원분이 친절하고 자세하게 설명을 해 주셔서 상품을 선택할 때 좀 더 편리했다. 게다가 백화점 이벤트 및 사은품까지 설명해주셔서, 더 저렴하게 구매할 수 있었다.	고객 입장에서 놓칠 수 있는 정보를 전달해 줘서 시간을 절약할 수 있었고, 더 저렴하게 구매를 할 수 있었다. 그리고 성의 있게 설명하는 모습이 프로답게 느껴졌다.

이렇게 에피소드를 정리해 두면, 면접 때 에피소드를 적재적소에 활용할 수 있으며, 답변 시 자신감이 생긴다. 살면서 겪게 되는 많은 에피소드를 꾸준하게 정리하여 보석같이 활용하자. 뻔한 모범답안은 독이다. 에피소드 노트 정리라는 작은 수고로움으로 면접관에게 친근감과 공감대를 전달하자.

7 나를 돋보이게 하는 면접 매너

외교, 정치, 연예 등 다양한 분야에서 남을 배려하는 매너로 사람들에게 이목을 이끄는 경우가 많이 있다. 매너란 강제성이 없는 상대방에 대한 배려이다.

성공한 CEO들을 대상으로 본인의 성공 원인을 꼽으라는 질문에 대부분의 CEO는 사람에 대한 배려, 즉 매너를 꼽는다.

이렇듯 중요한 매너는 승무원에게는 매우 중요한 요소이다.

다양한 국적, 성향의 사람들을 응대해야 하는 직업이기 때문이다.

승무원 면접에서의 매너는 더욱 중요한 의미를 지닌다. 짧은 면접시간 내에 내가 가진 장점을 최대한 어필해야 하는 곳이 면접장이기 때문에 외모, 면접 답변만큼 면접 매너가 중요하다. 면접에서의 중요한 매너는 다음과 같다.

· 면접 당일 지각한 당신. 회사에 대한 애착, 자기관리가 부족해 보인다.

모든 면접에서 지각은 좋은 이미지를 남길 수가 없다.

하지만 시간 관리가 철저해야 하는 승무원 면접에서는 이미지에 큰 타격을 준다.

당신이 면접관이라면 지각한 면접자에게 신뢰감을 느낄 수 있겠는가?

각자 지각에 대한 이유가 있겠지만, 어떠한 변명도 통하지 않는다.

절대 늦지 말자. 면접 전날 일찍 잠자리에 들자.

· 면접 대기실, 지켜보는 눈이 많다.

실제 면접 대기실에서의 불량한 태도 때문에 불합격의 결과를 받는 경우가 상당히 많다. 큰 소리로 떠들고 웃는 태도, 대놓고 메이크업 수정하는 태도, 구두 벗고 다리 떨고 있는 태도, 폰으로 인증샷 찍는 태도 등등.

면접 대기실에는 다양한 태도의 지원자들이 있다.

하지만 이러한 태도들은 면접의 기회를 준 회사에 대한 예의가 아닐뿐더러, 승무원으로서 가져야 할 태도와도 거리가 멀다.

내가 생각하는 이상적인 태도는 다음과 같다. 마치 면접장에서 면접관이 지켜보고 있듯이 자세를 바르게 하고, 미소를 띤 밝은 표정으로 차분히 면접을 준비하는 것이다. 잠시 뒤 시작될 면접에서의 모습을 긍정적으로 상상하는 것도 면접에서의 중요한 이미지 트레이닝이 될 것이다.

· 다른 지원자 답변 시 쳐다보지 않는다.

면접관으로 면접을 진행하다 보면 특이한 지원자를 보는 경우가 있다.

그중 한 예로는 다른 지원자가 답변할 때 뚫어지게 쳐다보는 것이다.

다른 지원자의 답변을 경청하고 관심을 갖는 것은 좋은 태도이지만, 뚫어지게 쳐다보는 태도는 면접자들은 물론 면접관들조차 불편함을 느낀다.

올바른 태도는 다른 지원자의 이야기를 잘 경청하고 존중하는 태도를 보이는 것이며, 이러한 태도는 면접관들에게도 호감을 얻는다.

Part
4

국내 항공사 인터뷰의 실제

1
자기소개 및 일반적인 질문

- 자기소개와 개인 신상정보
- 개인적 경험 및 가치관
- 일반적인 질문

 자기소개 해보세요.

Solution Guide

첫인상을 남기는 자기소개는 면접관들의 관심을 끄는 것이 포인트이다. 이력서에 이미 나와 있는 내용을 줄줄이 나열하기보다는 본인만의 에피소드와 직무에 대한 열정, 자질을 표현하는 것이 중요하다. 자기소개를 부드럽게 풀 수 있으면, 다음에 나오는 어떠한 질문들도 잘 풀어나갈 자신감이 생긴다.

자기소개를 잘 표현할 수 있는 다음의 세 가지 방법을 제시한다.

① 명언이나 좌우명을 넣자
② 이니셜로 묶자
③ 인재상으로 연결하자

Answer

① "세상은 다양하나 모두 같은 마음이다." 이는 저의 서비스철학입니다. 학창시절, 캐나다 몬트리올에서 1년간 생활한 적이 있었습

니다. 외국에서 생활하며 만난 학우나 다양한 사람들과 소통할 기회들이 많이 있었습니다. 특히, 학교 앞 씨푸드 레스토랑에서 근무할 때 손님들에게 열린 마음으로 즐겁게 서비스를 한 결과, 5개월 만에 홀 매니저라는 직책이 주어지기도 했습니다. 이러한 경험을 통해 세상에는 많은 언어가 공존하고, 또 그들이 고유의 문화를 갖고 있지만, '모두가 한마음이다'는 것을 알게 되었습니다. 이러한 경험적 이해를 기반으로 저는 다양한 문화를 접하고 사람들과 함께 공유할 수 있는 분야에 일을 하고 싶다는 생각을 하게 되었습니다. 저는 단순히 승무원이 되는 것이 목표가 아니라, 대한항공에서 전 세계의 모든 고객과 진심으로 공감하고 소통하는 서비스전문가가 되겠습니다.

② 저는 3S를 가지고 있습니다. 첫째, Sense입니다. 상대방이 필요로 하는 것과 마음을 잘 파악하여 유연하게 대처하는 감성 능력을 가지고 있습니다. 둘째, Sincerity입니다. 사람을 대할 때 늘 진심으로 진실 되게 대하려고 노력합니다. 사람과 사람 사이에는 굳이 말하지 않아도 느껴지는 따뜻한 진심이 중요하다고 생각하기 때문입니다. 셋째, Story입니다. 열정으로 삶을 대하는 사람에게는 이야기가 존재한다고 생각합니다. 대한항공에서 좋은 서비스를 제공하기 위해 저만의 많은 노력을 담은 스토리를 만들어 왔습니다. 이 3S를 가진 저는 대한항공에서 서비스전문가로 새로운 3S를 승객들에게 제공하겠습니다.

③ 저는 대한항공의 인재상에 부합하는 지원자 ○○○입니다. 첫째, 국제적인 감각의 소유자입니다. 1년간 중국에서 또 다른 1년은 뉴질랜드에서 어학연수를 했던 경험이 있습니다. 다양한 국

적의 사람들과 소통하며, 언어와 문화에 대해 다양한 경험을 하였습니다. 둘째, 서비스 정신과 올바른 예절의 소유자입니다. 레스토랑에서 아르바이트하며 서비스에 중요성을 깨달았고, 예의 바르고 성실한 서비스인이 되기 위해 노력해 왔습니다. 셋째, 팀 플레이어입니다. 일을 할 때 사람들과 융화되기 위해 웃는 얼굴로 배려하였습니다. 국제적인 감각, 서비스 정신과 예절, 팀원으로서의 융화를 바탕으로 대한항공에서 최선을 다하는 승무원이 되겠습니다.

 가족소개 해보세요.

Solution Guide

단순히 지원자의 가족에 대한 궁금증보다는 가족소개를 통해 지원자의 성품과 가치관에 대해 엿볼 수 있다. 부정적인 내용이 아닌 긍정적인 내용을 담아 답변한다.

Answer

우리 가족은 취미 생활을 많이 공유하는 가족입니다. 엄마, 아빠, 언니, 저 모두 볼링과 등산을 좋아하여 주말이면 함께 운동하러 가곤 합니다. 겨울에는 주로 실내 스포츠인 볼링을, 날씨가 좋은 봄과 가을에는 등산하러 가는데, 최근에는 가족들과 함께 집 근처에 있는 볼링장에서 즐겁게 볼링을 치는 시간을 가졌습니다.

 **취미/특기에 대해**

Solution Guide

취미를 통해 지원자의 성향을 파악할 수 있다. 가급적 승무원의 자질에 맞게 활동적이고 함께하는 취미를 선택하여 답변한다. 단, 쇼핑이나 게임 등의 취미는 부정적인 이미지를 줄 수 있으므로 피하는 것이 좋다.

Answer

저의 취미는 여행입니다. 가족이나 친구들과 함께 여행하면 평소에 하지 못했던 이야기도 나눌 수 있고, 서로의 소중함을 더 깨닫게 됩니다. 또한, 저는 여행지에서 가족과 친구들의 사진을 찍어 주는 것을 무척 좋아하는데, 다녀온 후 앨범으로 만들어서 선물하면 받는 사람들이 매우 좋아합니다. 최근에는 친구들과 일본 오사카로 여행을 다녀왔는데, 즐겁고 의미 있는 시간이었습니다.

 스트레스 해소는 어떻게 하시나요?

Solution Guide

승무원은 다양한 스트레스 환경에 노출되어 있는 직업이다. 면접관은 이 질문을 통해 지원자의 스트레스 관리 능력과 문제 상황을 직면하는 태도에 대해서 알고 싶어 한다. 답변 작성 시 유의할 점은 건강한 스트레스 해소 방법인가를 체크하는 것이다. (술, 노래방, 폭식, 쇼핑 등의 오해를 줄 수 있는 답변은 피한다). 또한, 스트레스에 대해서 의연하게 대처할 수 있다는 긍정적인 마음가짐을 보여주는 것이 중요하다. 단, 너무 긍정적이라서 스트레스를 받지 않는다는 답변은 진정성이 없어 보이므로 피한다.

Answer

① 저는 일에 최선을 다하다 보면 당연히 스트레스를 받을 수도 있다고 생각합니다. 그래서 저는 스트레스가 생기면 일단 음악을 들으면서 좋은 생각을 하려고 노력합니다. 음악을 들으면 머리가 맑아지고 기분이 나아지는 것을 느낍니다.

② 저는 스트레스를 받으면 쌓아두지 않고 즉각적으로 해소하려고 노력합니다. 특히, 제가 자주 하는 방법은 몸을 더 바쁘게 하고 더 많이 웃으려고 한다는 것입니다. 그렇게 움직이고 웃다 보면 어느새 감정이 많이 나아져 있고, 평정심을 찾게 되는 것을 자주 느낍니다.

 ### 가장 존경하는 사람은 누구입니까?

Solution Guide

지원자의 가치관을 알 수 있는 질문이다. 본인의 가치관이 잘 드러날 수 있도록 왜 그 인물을 존경하는지, 본인에게 어떤 영향을 주었는지를 생각하며 답변한다.

Answer

저는 대학 시절 저희 학과 ○○○ 교수님을 존경합니다.

교수님은 전직 항공사 승무원으로서, 품위 있는 매너와 태도로 프로다움을 보이십니다. 그뿐만 아니라 교수님의 수업을 들으면 전문가로서의 내실과 인성을 쌓는 게 직업인으로서 얼마나 중요한지 깨닫게 됩니다. 저도 ○○○ 교수님처럼 저와 같은 꿈을 꾸는 사람들에게 모범적인 모습을 보여야겠다는 다짐을 합니다.

 전공이 무엇입니까?

Solution Guide

자연스럽게 본인의 전공을 이야기하되, 직무의 연관성을 생각하여 답변한다(전공과목, 학과활동 등). 본인이 대학 시절 공부했던 전공이 서비스하는 데 어떤 영향을 줄 것인지 덧붙인다.

Answer

① 저는 의상디자인학과를 전공하였습니다. 색채와 디자인에 관련된 학문을 배워왔는데, 특히 의상소비자 행동이라는 수업을 가장 좋아하고 열심히 했습니다. 의상을 착용하는 다양한 사람의 성향과 심리에 대한 수업이었는데, 그 수업을 통해 사람에 대한 이해의 폭이 넓어질 수 있었습니다. 저는 저의 전공을 통해 사람의 아름다움을 볼 줄 아는 시각을 갖게 되었고, 이는 승객분들께 더 아름다운 서비스를 전달하는 것에 도움이 될 거라 생각합니다.

② 학창시절부터 승무원이 꿈이었던 저는 항공서비스학과를 전공하였습니다. 항공서비스학과에서 전직 승무원이셨던 교수님들께

직접 실무경험과 서비스지식에 대한 수업을 듣고, 다양한 서비스실습을 하며 서비스전문가로서의 역량을 키울 수 있었습니다. 특히, 저는 항공산업개론이라는 전공과목을 통해 항공 전반의 이해도를 높일 수 있었고 항공업계의 비전을 알 수 있었습니다. 저는 저의 전공을 통해 성숙된 서비스 마인드를 가진 승무원으로서 거듭날 수 있다는 자신감을 갖게 되었습니다.

 아침밥은 먹고 왔나요?

Solution Guide

면접 전, 지원자의 긴장을 풀어주기 위해 묻는 가벼운 질문이다. 웃으면서 가볍게 질문 하더라도 장난처럼 답변하거나 단답형으로 답변하지 않도록 주의하자.

Answer

네, 저는 하루를 시작할 때 먹는 아침 식사를 중요하게 생각하는 편입니다. 면접관님들께 에너지 있고 밝은 저의 모습을 보여드리고 싶어서 든든하게 먹고 왔습니다.

 결혼 배우자로 어떤 사람을 원하시나요?

Solution Guide

본인의 성향과 가치관을 알 수 있는 질문이다. '잘생긴 사람', '남자다운 사람'과 같은 배우자상을 이야기한다면 본인에게 아무런 도움이 되지 않을 뿐만 아니라, 보수적인 항공사 조직과 맞지 않을 수도 있다는 이미지를 줄 수 있다. 면접은 본인을 어필하는 자리이다. 본인의 좋은 가치관을 어필할 수 있도록 배우자상에 본인의 생각을 대입하여 답변한다.

Answer

저는 본인의 일을 사랑하고, 매사에 최선을 다하는 사람이 이상형입니다. 평생 함께할 배우자와는 서로에게 좋은 영향을 주고받을 수 있어야 한다고 생각합니다. 승무원으로서 오랫동안 근무하고 싶은 저는 일의 중요성을 잘 알아 저를 잘 이해해주고 함께 발전할 수 있는 사람과 결혼생활을 하고 싶습니다.

 외국인에게 한국에서 가볼 만한 곳과 음식을 소개해주세요.

Solution Guide

비행을 하다 보면 외국인 승객이 한국에서 가볼 만한 곳과 음식추천을 원하는 경우가 있다. 최근 문화 콘텐츠의 영향으로 외국인들이 많은 관심이 있는 우리나라에 관해 소개할 수 있도록 준비해보자.

Answer

저는 용인에 있는 한국민속촌을 소개하고 싶습니다. 한국민속촌에는 우리나라 고유의 전통 가옥들과 옷들을 볼 수 있습니다. 그뿐만 아니라, 전통혼례, 줄타기, 농악놀이 등을 재현하는 모습을 볼 수 있습니다. 그곳 안에 있는 음식점에는 전통음식들을 맛볼 수 있는데,

직접 손으로 만든 만둣국과 김치전은 매우 특별한 맛을 내기 때문에
외국인 친구들에게 한국의 맛을 꼭 알려주고 싶습니다.

 승무원이 되어 가장 먼저 가고 싶은 나라는?

단순히, 가고 싶은 나라가 궁금해서 묻는 말이 아니다. 왜 그 나라
를 가고 싶어 하는지, 지원자의 가치관과 성향을 파악하기 위함이다.
나라를 이야기한 후 어떤 특별한 경험이 있는 나라인지 혹은 어떠한
이유로 그 나라를 가고 싶어 하는지 덧붙인다.

---+--- Answer

① 저는 대학 시절 어학연수를 했던 중국에 가장 먼저 가보고 싶
　 습니다. 중국문화와 중국어를 배우기 위해 갔었던 중국은 저에
　 게는 첫 해외 경험이었습니다. 낯설었지만 설레던 장소인 중국
　 을, 승무원이 되어 유니폼을 입고 간다면 큰 의미가 있을 것 같
　 습니다.

② 저는 에르미타주 박물관이 있는 러시아의 상트페테르부르크에
　 가장 먼저 가고 싶습니다. 대한항공은 세계 3대 박물관에 오랫동
　 안 한국어 안내 서비스를 제공하고 있습니다. 저는 그중 하나인
　 에르미타주에 관심이 많이 있습니다. 최근 읽고 있는 서양미술사
　 에 나오는 모네, 밀레, 르누아르 등의 걸작들이 에르미타주에 전
　 시되어있음을 알고 있습니다. 하루빨리 승무원이 되어 에르미타
　 주 박물관에서 작품들을 감상하며 한국어 안내 가이드를 들을
　 수 있는 날이 왔으면 좋겠습니다.

체력이 약해 보이는데, 비행 잘 할 수 있나요?

Solution Guide

실제로 체격이 왜소해 보이는 지원자들에게 많이 하는 질문이다. 강한 체력이 요구되는 승무원 일을 잘 수행할 수 있을지에 대한 의구심에 하는 질문이므로, 그동안의 체력관리 경험, 어렵고 힘든 업무를 잘 극복했던 경험 등을 설명하며 면접관을 안심시킨다.

Answer

네, 제가 겉보기에는 다소 마른 체격이라, 약해 보일 수도 있다고 생각합니다. 하지만 저는 꾸준한 등산과 수영으로 강한 체력과 정신력을 가지고 있다고 확신합니다. 또한, 레스토랑 아르바이트 당시에도 무거운 트레이나 물건들을 번쩍번쩍 들어 옮기고 8시간 이상 서서 신나게 근무해 왔습니다. 이런 점들을 통해 저는 아주 건강하고 강한 체력을 가졌다고 자신 있게 말씀드릴 수 있습니다.

 본인만의 경쟁력이 무엇이라고 생각합니까?

Solution Guide

나를 확실하게 어필할 수 있는 질문이다. 실제로 이 질문에 본인이 가진 역량과 경험들을 잘 표현한다면 좋은 이미지를 남길 수 있다. 적극적으로 답변하며, 본인의 입사 후 포부를 덧붙여 마무리한다.

저는 서비스인으로서 누구보다 탁월한 자질을 갖추고 있다고 생각합니다.

3년간의 다양한 서비스 업무를 통해 사람들을 편안하게 해줄 수 있는 소통 능력을 키울 수 있었고, 캄보디아에서의 해외 봉사 활동을 통해 외국어 능력과 다른 사람을 위하는 마음을 직접 경험하며 누군가에게 도움이 되었을 때의 뿌듯함을 알 수 있는 소중한 경험을 하였습니다. 이러한 저의 강점들을 활용하여 한국인 승객뿐만 아니라 외국인 승객들과도 원활하고 편안하게 소통할 수 있는 승무원이 되겠습니다.

 승무원 준비를 위해 무엇을 하셨나요?

Solution Guide

지원자가 그동안 노력했던 서비스경험, 외국어 공부, 자기관리 등을 진심으로 보여준다. 단, '친구들과 스터디를 했다', '승무원학원에 다녔다', '미소 연습을 했다'는 답변은 승무원의 자질을 잘 이해 못 한다는 느낌을 줄 수 있으며, 인위적으로 모습을 만들기 위해 시간을 보냈다는 느낌을 준다. 본인의 열정을 표출할 수 있는 기회이다. 지원자의 열정과 노력의 스토리로 면접관을 감동시키자.

Answer

저는 승무원이 되기 위해 매일 3가지를 꼭 실천했습니다. 첫째, 중국어 실력을 기르기 위해 중국인 친구와 만나서 함께 중국어로 대화를 하며 시간을 보냈습니다. 둘째, 항공 포털 사이트를 보며 매일 항공사의 정보와 항공 산업의 변화에 관해 공부하였습니다. 셋째, 체력도 빼놓을 수 없다고 생각되어 수영을 꾸준히 해 왔습니다. 저는 단순히 승무원에 합격하는 것이 목표가 아니라, 승무원이 되어 인상 깊은 서비스를 제공하는 것이 목표입니다. 그 목표를 달성하기 위해 꾸준히 저를 발전시키려고 최선을 다하고 있습니다.

 ## 생활신조/좌우명이 무엇인가요?

Solution Guide

지원자가 인생에서 중요하게 생각하는 것이 무엇인지 알고자 하는 질문이다. 본인의 생각과 이유를 뒷받침하여 답변하자.

Answer

저는 '인자무적'이라는 사자성어를 늘 마음에 품고 실천하려고 합니다. 인자무적은 선한 사람에게는 적이 없다는 의미입니다. 이러한 뜻을 품게 된 이유는 제가 키즈카페에서 아르바이트할 때 배웠습니다. 일이 매우 힘들어서 일하는 사람들 간의 불화가 생길 법도 했는데, 저를 가르쳐주셨던 한 선배는 늘 배려하고 웃으며 사람들을 대했습니다. 모두 그 선배를 의지하고 좋아했던 기억이 있습니다. 저도 그 선배처럼 선한 승무원이 되고자 다짐하게 된 계기가 되었습니다.

비행 도중, 선배와 의견이 맞지 않는다면 어떻게 하시겠습니까?

Solution Guide

비행을 하다 보면 선배와 의견이 맞지 않는 경우가 발생할 수 있다. 회사규정이나 승객안전에 방해가 되지 않는다면, 나보다 오랜 경력 선배의 말을 따르는 것이 더 옳을 가능성이 크다. 팀워크와 선배를 존중하는 태도, 현명한 판단능력을 답변으로 보여주는 것이 좋다.

Answer

저는 항공분야에서 저보다 더 오랜 경험이 있는 선배의 의견을 존중하고 수용하겠습니다. 제가 경험이 적어서 이해하지 못하는 부분이 있을 수 있으니, 잘 경청하고 따르도록 하겠습니다.

 어떤 책/영화를 좋아하나요?

Solution Guide

성격을 파악할 수 있는 질문으로, 책과 영화의 제목을 밝히고 간단한 스토리와 느낀 점 정도로 이야기한다. 비교적 가벼운 질문이므로 면접관과 소통할 수 있는 흥미로운 이야기를 하는 것을 추천한다. '영화는 별로 안 좋아합니다.' '책은 최근에 읽은 적 없습니다.'의 부정적인 답변은 피한다.

Answer

① 네, 저는 책을 무척 좋아합니다. 책을 통해서 제가 경험해보지

못한 것을 간접적으로 경험할 수 있고, 다양한 지식을 습득할 수 있으며, 다양한 사람들을 이해할 수 있어서 즐겨 보고 있습니다. 저는 주로 자기계발 관련 서적을 읽는데, 이기주 작가의 『언어의 온도』를 인상 깊게 읽었습니다. 글을 통해 말의 품격의 중요성을 깨닫게 되었고, 따뜻한 말 한마디는 상대방을 위로하고 보듬어 줄 수 있다는 것을 다시 한번 느꼈습니다.

② 네, 저는 일주일에 한 번 정도는 꼭 영화를 보고 있습니다. 영화는 재미있기도 하지만, 감동을 주기도 합니다. 그래서 저의 감성을 채우고 싶어서 영화를 즐겨봅니다. 최근에는, 『빅토리아 앤 압둘』이라는 영화를 보았습니다. 신분과 나이를 뛰어넘은 우정을 그려낸 영화로 주인공은 영국 여왕과 젊은 인도 출신의 비서가 등장합니다. 실화를 바탕으로 한 영화인데, 진정한 우정에 대해서 알 수 있는 훌륭한 영화였습니다. 면접관님들께도 추천해 드리고 싶습니다.

지금까지 받은 서비스 중에서 가장 좋았던 서비스는?

Solution Guide

좋은 서비스를 받아 본 사람이 좋은 서비스를 제공할 줄 안다는 점에서 중요한 질문 중 하나이다. 서비스에는 사람들이 동일하게 느끼는 좋은 서비스가 있고, 개인적인 취향으로 좋게 느끼는 서비스가 있다. 선호하는 커피를 잊지 않고 기억해줘서 고마웠던 작은 서비스부터 내가 몰랐던 정보를 세세하게 알려주는 서비스 등등 본인이 받았던 좋은 서비스가 많을수록 더 수준 높은 서비스를 제공할 수 있다.

본인의 경험을 정리해보고 가장 기억에 남았고 또다시 받고 싶은 서비스의 내용으로 답변을 준비해보자.

✦   **Answer**

저는 최근 공항에서 티켓을 발권해주신 공항직원의 서비스가 가장 기억에 남습니다. 공항에 꽤 많은 승객들이 있어서 피곤하고 힘드셨을 텐데도, 미소를 잃지 않고 상냥한 목소리와 말투로 기분 좋게 응대해 주셨습니다. 수화물을 부칠 때도 "손님의 짐이 목적지까지 안전하게 도착할 수 있게 신경 써서 전달하겠습니다."라는 말씀으로 신뢰감을 느낄 수 있게 해주셨습니다. 저는 그날 공항직원분의 응대를 받은 후, 말투와 표정이 서비스에서 매우 중요한 요소임을 깨닫고 실생활에서도 더욱 노력하고 있습니다.

2
성격 및 승무원 자질

- 성격
- 승무원 자질(센스, 배려심, 팀워크, 자기관리, 서비스 마인드 등)

....

 본인 성격의 장점은?

╋ Solution Guide

성격에 관련된 질문은 지원자가 직무에 적합한지, 팀 업무 중심인 조직 특성상 동료들과 잘 융화될 수 있는 성격인지를 알아보기 위해서이다. 본인 성격의 장점을 모두 나열하기보다는 특징적인 1~2개를 골라 예를 들어 설명하는 것이 좋다. 주의할 점은 사교적인 성격을 답변할 때는 사교적인 모습으로, 열정적인 성격을 답변할 때는 열정적인 모습으로 보일 수 있게 답변한다. 무뚝뚝한 얼굴로 사교와 열정을 이야기한다면 어떤 면접관이 믿겠는가?

╋ Answer

① 저의 장점은 사교성이 뛰어나다는 점입니다. 대학 시절 봉사 활동 동아리를 했습니다. 봉사 활동 동아리의 특성상 보육원, 양로원, 병원 등을 방문했었는데 저는 나이가 지긋하신 할머니를 만나거나 어린아이들을 만났을 때 모두 적극적으로 다가가 친근한 분위기를 만들어냈습니다. 처음에는 서먹했던 할머니와 아이들도 나중에는 정이 많이 들어 편하게 안부를 주고받는 관계가

되기도 했습니다. 저의 이런 사교성 있는 성격은 승객분들은 물론 동료들과 일할 때도 즐겁게 일할 수 있는 원동력이 될 것으로 생각됩니다.

② 저는 배려하는 섬세한 성격이라 생각합니다. 대학 시절 저의 별명은 엄마였습니다. 기숙사 생활을 했었는데, 저는 항상 반짇고리와 비상약을 갖추고 필요한 친구들을 챙겨주었습니다. 또한, 수업을 못 들은 친구가 있으면 먼저 수업과제를 알려주고 강의노트를 빌려주기도 했습니다. 저의 이런 배려심에 친구들에게 지금도 엄마라는 별명으로 불리고 있습니다. 앞으로는 대한항공의 든든하고 배려심 있는 엄마로 거듭나고 싶습니다.

 본인 성격의 단점은?

Solution Guide

단점은 '고집이 세다', '표정관리를 잘 못 한다', '낯을 가린다' 등의 승무원 업무를 하기에 크게 문제가 될 것 같은 부분은 말하지 않는 것이 좋다. 비교적 가벼운 단점들을 말하되, 현재 단점 부분을 보완하기 위해 어떤 노력을 하고 있는지에 대해서 반드시 덧붙여준다. 단점이 전혀 없다고 하는 답변은 진정성이 없어 보인다.

Answer

① 저는 매사에 지나치게 조심스럽다는 단점이 있습니다. 사람 관계에서나 일에서나 모두 실수를 최대한 줄이려는 면이 강한데, 이런 면이 때론 저 자신을 우유부단한 사람으로 보이게 하기도 합

니다. 저는 이러한 면을 고치기 위해서 동아리 활동 시 리더나 임원 역할을 자청하여 스스로 결단을 내리고, 의견을 전달하는 연습을 하려고 노력합니다. 이를 통해 신중함과 판단력을 모두 잘 갖춘 사람으로 성숙해질 수 있다고 생각합니다.

② 저는 한 가지 일에 몰두하면 다른 것을 잘 챙기지 못하는 단점이 있습니다.

가끔 이러한 성격으로 인해 놓치는 것이 생기기도 합니다. 학창 시절 좋아하는 과목에 몰두해서 공부하다 보니, 정작 다른 과목은 놓치게 되는 상황이 생기기도 했습니다. 이러한 점을 극복하기 위해 계획을 세밀히 세우고, 일을 잘 배분하여 계획성 있게 처리할 수 있도록 노력하고 있습니다.

 승무원에게 가장 필요한 자질이 무엇이라고 생각하나요?

Solution Guide

승무원은 특수한 환경에서 높은 기대치를 가진 승객들을 응대한다. 이러한 승무원에게 요구되는 자질은 프로다운 이미지, 국제적인 감각, 서비스 마인드, 배려심, 커뮤니케이션 능력, 친절함, 안전의식, 책임감, 순발력, 성실함, 팀워크, 어학 능력, 체력 등등 여러 가지가 있다. 이 여러 가지 자질을 모두 말하는 것이 아닌, 본인이 생각하는 자질 중 한 가지를 선택해서 충분한 근거를 들어 답변한다.

Answer

① 저는 책임감이 가장 중요하다고 생각합니다. 승무원은 매 비행

시 책임져야 할 승객의 수가 정해져 있다고 들었습니다. 그런 만큼 서비스나 안전에 대해 철저하고 책임감 있게 이루어져야 할 것이라 생각합니다. 승객분들을 안전하고 실수 없이 모시는 것이 승무원의 임무이고, 그것을 잘 수행하기 위해서는 책임감이 필수라고 생각합니다.

② 저는 프로다운 이미지가 필수라고 생각합니다. 비행기라는 특수한 환경에서 승객들은 불안감을 느끼거나, 때론 긴급한 상황이 발생할 수도 있습니다. 그럴 때 자신감 있고 프로다운 이미지의 승무원들을 보면 마음이 안정되고 편안해짐을 느낍니다. 프로다운 이미지는 연출로 가능하지 않다고 생각합니다. 승무원들의 노력과 프로의식이 프로다운 이미지를 만들어낸다고 생각하며, 저 또한 승무원으로서 든든함을 느끼게 해드릴 수 있도록 최선을 다하겠습니다.

 본인에게 점수를 준다면 몇 점을 주시겠어요?

Solution Guide

겸손함도 좋지만, 본인에게 후한 점수를 주고 왜 그런지에 대한 설명을 한다.

Answer

저 자신에게 90점을 주고 싶습니다. 저는 매우 성실합니다. 그리고 매사에 최선을 다한다고 확신합니다. 대학 시절 4년 동안 장학금을 받아왔고, 어학연수 없이 토익 850점이라는 점수를 얻게 되었습니다.

아직 더 성장해야 할 부분이 있기에 10점을 뺀 90점을 주었지만, 앞으로 10점을 채워서 100점짜리 승무원으로 성장하고 싶습니다.

 ## 학생과 회사원의 가장 큰 차이점은?

Solution Guide

학생과 회사원은 여러 면에서 차이점이 있다. 지원자가 회사원으로서의 마인드와 태도를 지니고 있는지를 파악하기 위한 질문이다. 실제 학생과 회사원의 가장 큰 차이는 책임감, 프로의식, 조직에 대한 충성도 등이 있다.

Answer

학생과 회사원의 가장 큰 차이는 책임감이라고 생각합니다. 학생도 물론 본연의 임무인 학업을 위해 책임감을 가져야 하지만, 회사원과는 조금 차이가 있다고 생각합니다. 회사원은 회사에 소속되어 본인의 프로의식을 통해 회사에 기여도를 높여야 하는 것이라 생각합니다. 그러므로 회사원은 더 책임감과 프로의식을 가져야 한다고 생각하며, 저는 대한항공에 입사하면 저의 승무원으로서 프로의식을 발휘하여 승객분들을 감동시키는 서비스를 하겠습니다.

 ## 서비스 정신이란 무엇일까요?

Solution Guide

면접관들이 많이 하는 질문 중 하나이다. 입사 후 서비스 직무를 해야 하는 지원자의 마인드와 고객 만족에 대한 생각을 듣고 싶기 때문이다. 본인이 받았던 서비스 중 좋았던 서비스나, 좋은 서비스를 제공해서 감동을 주었던 에피소드를 잘 활용하면 좋다. 본인의 서비스에 대한 생각을 표현할 기회이므로 최선을 다해 답변한다.

✈ Answer

저는 고객을 긍정적으로 변화시키는 것이 서비스라고 생각합니다. 승객분들이 저를 만나고 나서 더 즐겁고 편안한 기분이 드셨을 때, 제가 서비스를 잘하고 있는 것이라 생각이 듭니다. 현재 저는 카페 아르바이트를 하고 있습니다. 그곳에서 만나게 되는 손님 분들이 저와 대화를 나누고, 제가 제공해드린 커피를 맛있게 드셔서 기분이 좋아지시는 것을 보게 되면 저 또한 매우 행복합니다. 그러한 변화를 느꼈던 저는 한분 한분께 정성을 다해서 긍정적인 감정을 전달해 드리려고 노력하고, 그것이 바로 제가 추구하는 서비스 정신이라 생각합니다.

 보통 리더의 역할을 주로 하시나요? 조력자의 역할을 하시나요?

✈ Solution Guide

팀에는 좋은 리더의 역할도 있어야 하고, 그 리더를 돕는 조력자도 있어야 한다. 본인의 성향 중 더 가까운 것으로 이야기한다. 또한, 본인이 생각하는 좋은 리더와 좋은 조력자의 성향에 대해서도 함께 덧붙여준다.

① 저는 조력자의 역할을 많이 했던 것 같습니다. 팀 프로젝트를 할 때는 리더의 일을 돕고 팀원들과 함께 이견을 조율하는 것이 저에게 편안했습니다. 팀에서의 훌륭한 리더도 중요하지만, 그에 못지않게 리더를 지지해줄 수 있는 훌륭한 조력자도 필요하다고 생각합니다. 저는 훌륭한 조력자라고 생각하며, 그 역할을 누구보다 잘하여 좋은 성과를 낼 수 있습니다.

② 저는 외향적인 성격으로 주로 리더의 역할을 맡아왔습니다. 대학 시절에는 과대표나 동아리 대표 역할을 맡았었는데, 적극적으로 지지해주고 도움을 주는 친구들이 있어서 운영이 수월하였습니다. 리더의 경험을 통해 리더는 팀원들의 가치를 소중히 여기고, 꾸준히 소통하는 것이 중요하다는 것을 느꼈습니다.

서비스와 안전 중에서 무엇이 더 중요하다고 생각하시나요?

서비스와 안전. 둘 다 승무원에게는 매우 중요한 의무이다. 하지만, 비행기라는 특수성을 가진 교통수단이라는 점에서 생각해본다면 안전이 기반이 되는 것이 중요하다. 단, 답변 시 안전이 더 중요하다는 답변보다는 안전과 서비스 둘 다 놓칠 수 없는 중요한 가치라는 것에 대해 충분히 이해하고 있고, 이를 위해 노력하리라는 것을 밝힌다. 그 다음 단계로 안전을 중요하게 생각하고 있는 구체적인 이유에 대해 추가로 답변한다.

① 저는 승무원에게는 안전과 서비스 둘 다 놓칠 수 없는 매우 중요한 가치라고 생각합니다. 하지만 안전이 튼튼하게 기반이 되어야만, 서비스를 받는 승객분들도 더 편안하고 즐겁게 서비스를 받으실 수 있다고 생각합니다. 그러므로 저는 승객분들의 안전사항에 대해 미리 숙지하고 한 번 더 체크를 하여 안전한 비행이 될 수 있도록 노력하겠습니다.

② 안전과 서비스 중 하나를 선택하는 것은 매우 어려운 문제인 것 같습니다.

하지만 최근, 아주 심한 난기류 현상이 발생하였을 때 승무원이 침착하게 승객들의 안전벨트를 매도록 유도하고 적극적으로 안심시켜 승객들이 부상 없이 안전하게 착륙할 수 있었다는 기사를 접한 적이 있습니다. 그러한 기사를 통해 승무원들의 안전의식이 신뢰를 만들고, 더 나아가 항공사의 이미지에도 영향을 미칠 수 있다는 점을 간과할 수 없다고 생각합니다. 그러므로 저는 안전에 대한 의식을 바탕으로 신뢰감 있는 서비스를 제공하는 승무원이 되고 싶습니다.

 체력관리 어떻게 하시나요?

승무원이라는 직업은 끈기 있는 체력관리가 필수적이다. 꾸준하게 체력관리를 하는 것이 건강하게 비행을 오랫동안 할 수 있는 비결이다. 그러므로 평소 체력관리를 열심히 하며 그에 대한 중요성을 잘 알고 있다는 답변으로 좋은 이미지를 심어주는 것이 좋다. 전공이 운동과 관련된 분야라면 어필하는 것이 필요하다.

↦ Answer

저는 체력관리에 관심이 많습니다. 평소 수영과 요가로 체력을 관리하고 있습니다. 운동할 때에는 힘들지만, 끝난 후에는 몸이 더 가벼워지고 피로감도 덜해짐을 느낍니다. 그리고 신선한 채소와 과일을 꾸준히 섭취하려고 노력하는데, 이 또한 저의 체력과 건강에 도움을 준다고 생각합니다. 체력관리는 몸과 마음을 건강하게 하는 데 있어서 필수적이라 생각하여 꾸준히 관리 할 계획입니다.

 승무원의 장점이 무엇이라고 생각하시나요?

↦ Solution Guide

실제로 승무원이 되면 많은 장점이 있다. 이 질문에서는 승무원의 일을 통해 얻을 수 있는 장점들을 답변한다. 또한, 많은 지원자들이 승무원은 많은 나라를 여행할 수 있는 것이 장점이라고 생각할 수 있지만, 면접 답변으로는 승무원 업무를 너무 가볍게 생각한다는 느낌을 줄 수 있으므로 승무원의 장점을 여행이라고 대답하는 것은 좋지 않다.

↦ Answer

승무원의 일을 통해 많은 것을 배울 수 있다고 생각합니다. 특히, 저는 승객의 비행시간을 책임지고 행복하게 해드릴 수 있다는 것에 자부심과 성취감을 느낄 수 있을 것 같습니다. 현재 항공사에서 근무하는 친언니는 승객분들의 감사 인사에 무엇보다 큰 행복감을 느낀다고 합니다. 저 또한 저의 노력과 배려로 승객들의 비행시간을 책임질 수 있는 것에 많은 매력을 느끼고, 정말 잘 해내고 싶은 생각이 듭니다.

 승무원의 단점이 무엇이라고 생각하시나요?

Solution Guide

단점을 적나라하게 말하지 않는 것이 중요하다. 너무 심각해지지 않게 넘어갈 만한 답변들을 이야기하되, 그것에 대한 본인의 극복방안을 덧붙이는 것이 좋다.

Answer

승무원의 단점을 굳이 꼽으라면 불규칙한 스케줄이라 생각합니다. 승무원은 스케줄이 불규칙하여 가족이 모이는 명절이나 연말에도 비행을 해야 한다는 점이 있습니다. 하지만 저는 이를 극복하기 위해 비행을 하지 않는 휴일에 가족들과 시간을 더 많이 보내고 마음을 표현하여, 명절과 같은 때 비행을 가더라도 가족들이 서운해하지 않도록 노력하겠습니다. 그리고 제 가족들도 제가 꿈을 이루는 것을 너무 기다리고 있기 때문에 너그러이 이해해 줄 것이라 생각합니다.

 만약 선배가 당신보다 어리다면 어떻게 하시겠습니까?

Solution Guide

항공사에서는 나이보다 입사 순서로 선·후배 관계가 결정된다. 국내 항공사에서는 선·후배 관계가 더 선명하게 구분되어 있으므로, 나이가 어린 선배라고 할지라도 선배에 대한 예우가 있어야 한다. 일에 있어서는 프로다운 태도로, 나이보다는 먼저 승무원 경험을 시작한 선배로서 대하겠다는 것을 어필한다.

Answer

저는 나이가 문제가 되지 않는다고 생각합니다. 오히려 저보다 승무원으로서 경험이 많은 선배로서 존중하는 마음을 가지고 대할 것입니다. 또한, 승무원의 주된 목적인 안전하고 편안한 비행을 승객들에게 제공하기 위해 노력할 것이고, 조직에서도 잘 융화될 수 있도록 최선을 다할 것입니다.

 본인에게 화를 내는 손님에게 어떻게 하실 건가요?

Solution Guide

지원자의 성향과 태도를 알 수 있는 질문이다. 실제, 비행을 하다 보면 화를 내는 승객을 만나기도 한다. 이런 상황에서 문제해결의 첫 단추는 경청이다. 화가 난 승객의 말을 적극적인 경청의 자세로 잘 듣고 이해하려는 노력이 필요하다. 프로답게 대처할 수 있음을 답변에서 어필하는 것이 중요하다. 실제로, 본인이 아르바이트나 일을 하면서 경험했던 적이 있으면 해결했던 방법과 함께 답변해도 좋다.

화내시는 승객이 있다면 먼저 귀 기울여서 경청하겠습니다. 승객의 관점에서 이해하고 공감하려고 최선을 다하겠습니다. 실제, 저는 유아 교육기관에서 영어교사로 근무한 적이 있었는데, 갑자기 저에게 화를 내시는 학부모님이 있었습니다. 처음에는 당황했지만 계속 경청하다 보니, 기관의 수강신청 방법에 문제가 생겨서 화가 나셨다는 것을 알게 되었습니다. 저는 신속히 문제해결을 위해 노력했고 도움을 드렸더니, 학부모님께서 오히려 고맙고 미안하다고 말씀하셨습니다. 이러한 경험을 통해 아무리 화가 나신 승객도 적극적으로 경청하고 공감하려는 모습에 마음을 열어주실 것이라 생각합니다.

일을 할 때 동료들과 커뮤니케이션을 잘하기 위해선 어떻게 해야 할까요?

본인의 강점을 어필한다. 팀워크가 중요한 승무원 생활을 잘 해낼 수 있다는 이미지를 각인시킨다.

저는 역지사지의 정신이라면 동료들과 커뮤니케이션에서 어려움이 생기더라도 잘 극복할 수 있다고 생각합니다. 사람들은 각자 성향이 다르고 처한 입장이 다릅니다. 그러므로 내 생각만을 상대방에게 강요하거나 생각이 다르다고 해서 배척하는 태도는 문제를 더 크게 만들 것입니다. 이러한 이유로 저는 좋은 커뮤니케이션을 위해서는 상대방을 이해하려고 노력하는 자세가 필요하다고 생각합니다.

승무원 일이 적성에 맞지 않으면 어떻게 하겠습니까?

Solution Guide

당황스러운 질문일 수 있지만, 본인의 생각을 분명히 밝혀 면접관들에게 확신과 믿음을 주는 것이 중요하다. 단순히, '적성에 맞지 않을 것으로 생각하지 않는다', '그런 생각은 해본 적도 없다' 등의 답변은 성의가 없고, 면접관이 듣고 싶어 하는 답변이 아니다.

Answer

승무원으로서 근무하다 보면 적성에 대한 고민을 할 때가 있다는 이야기를 들은 적이 있습니다. 그래서 저도 그 부분에 대해서 깊이 생각을 해본 적이 있습니다. 깊이 생각해 본 결과, 저는 단순히 유니폼 입는 것이 좋고, 높은 연봉이 좋고, 여러 나라를 다니는 것이 좋아서 선택한 것이 아니라는 결론을 얻었습니다. 저는 제가 사람들을 만나는 일을 사랑하고 그 일을 통해 진정으로 보람을 느낄 수 있다는 것을 많은 경험을 통해 깨닫게 되었습니다. 그렇기에, 일을 하다가 만약 힘든 순간에 직면하게 되더라도 지금 이 마음을 떠올리며 잘 극복할 수 있을 거라는 자신이 있습니다.

지원동기 및 입사 후 포부

- 지원동기
- 입사 후 포부

지원동기 말씀해보세요.

Solution Guide

지원동기 또한 면접에서 꼭 나오는 기출 질문 중 하나이다. 이 질문을 통해 면접관들은 이 지원자가 회사에 대해 얼마나 애정이 있는가? 승무원이라는 직무에 대해 얼마나 열정이 있는가? 를 알 수 있다. 지원자들은 단순히 사실만을 이야기하기보다는 충성심에 대해 언급을 하는 것이 좋다. 또한, 회사에 대해 누구나 다 알고 있는 흔한 정보보다는 새롭고 참신한 내용을 넣는 것이 좋다. 추상적인 답변은 회사에 대한 애정도를 보여주기가 어렵다.

① 가능하다면, 회사와 나의 인연에 대해서 언급한다. (아르바이트, 공모전 경험, 탑승경험 등)
② 직접적인 경험이 없다면, 회사의 정보들을 활용한다.
③ 지원 항공사 승무원 직무가 가지고 있는 의미, 애정 등을 표현한다.

Answer

① 아시아나항공에서 5년 차 근무하고 있는 저의 사촌 언니를 보며 승무원의 꿈을 꾸게 되었습니다. 사촌 언니는 원래 친절하고 어학 능력이 우수했지만, 아시아나항공에 입사 후 더욱 멋지고 매너 있는 모습으로 저의 선망이 되었습니다. 언니를 보며 승무원은 겉모습뿐만 아니라 내면도 따뜻하고 아름다워야 한다는 것을 배우게 되었고, 저 또한 아시아나항공에서 승객들에게 따뜻하고 아름다운 서비스를 제공하는 사람이 되어야겠다는 다짐을 하며 노력해 왔습니다.

② 저는 어린 시절부터 대한항공만을 이용해왔습니다. 대한항공에 탑승하면 편안하고 안전해서 또다시 대한항공을 이용하고 싶어진다는 아버지의 말씀을 들었는데, 문득 이렇게 편안하고 안전한 비행을 제공하려면 얼마나 많은 노력을 했을까 생각하게 되었습니다. 그리고 저도 그 모습이 되고 싶다는 마음이 간절히 생겨났습니다. 밝은 미소로 승객들에게 편안함과 즐거움을 제공하는 대한항공의 프로 승무원처럼 저 또한 그 모습을 닮기 위해 많은 노력을 해 왔다고 자신 있게 말씀드릴 수 있습니다.

③ 저는 관광 안내 봉사를 하며 친해진 중국인 친구가 있습니다. 중국인 친구는 대한항공의 품격 있는 서비스에 대해 항상 칭찬을 아끼지 않습니다. 승무원들의 프로다운 마인드와 모습, 그리고 섬세하게 배려하는 서비스, 훌륭한 기내식까지 친구에게 대한항공의 칭찬을 들으면 제가 잘해서 칭찬을 들은 것 이상으로 기분이 좋습니다. 이렇듯, 승무원은 단순히 서비스를 제공하는 서비스인이 아닌, 나라 간 가교 역할을 한다고 생각합니다. 저도

제가 가지고 있는 중국어 회화 실력과 직업에 대한 사명감으로 대한항공의 자랑스러운 승무원이 되고 싶습니다.

왜 승무원이 되고 싶으신가요?

✦ Solution Guide

승무원이 되고 싶은 이유는 유니폼에 대한 환상, 높은 연봉, 좋은 복지, 해외 여러 곳을 다닐 수 있다는 장점 등이 있겠지만, 면접관들이 이 질문을 통해 지원자에게 알고 싶은 점은 승무원 직무에 대한 관심과 열정과 서비스 정신, 승객들에 대한 마음가짐이다. 그것에 관해 이야기함과 동시에 미래에 그리는 승무원으로서의 본인 모습을 생생하게 표현하는 것도 좋은 방법이다.

✦ Answer

① 저는 대한항공의 훌륭한 선배님들과 함께 일하며 배울 수 있다는 점이 가장 승무원이 되고 싶은 이유입니다. 대한항공 승무원 선배님들은 프로다운 마인드와 자기관리로 명실상부 최고의 항공사의 이미지를 만들어 오셨습니다. 저 또한 승객분들께 편안하고 즐거운 서비스를 제공하고 싶은 열망이 큽니다. 그러기에 승무원이 되어 훌륭한 선배님들께 많이 배워서 저 또한 후배들에게 귀감이 되는 승무원이 되고 싶습니다.

② 저는 저의 친화력과 서비스 마인드를 마음껏 펼칠 수 있는 직업이기에 승무원이 너무나 되고 싶습니다. 저는 지금까지 패밀리레스토랑, 웨딩홀, 호텔, 리조트 등 다양한 서비스 관련 아르바

이트를 해 왔습니다. 그 결과 저는 서비스 일을 매우 즐기고, 잘하고 싶어 한다는 것을 깨달았습니다. 온종일 서 있거나 어려운 손님들을 응대할 때에도 힘들다는 생각보다는 손님의 불편함을 빨리 없애 드려야겠다는 생각이 들었습니다. 승무원은 서비스계의 꽃이라 불릴 만큼 전문성이 있는 직업이라 생각합니다. 대한항공 승무원이 되어 저의 친화력 있는 서비스로 승객들을 편안하게 모시고 싶습니다.

 입사 후 포부 말씀해보세요.

Solution Guide

입사 후 포부는 승무원으로서의 열정과 계획을 가장 구체적으로 보여줘야 하는 질문이다. 그러나 지원자들은 흔히 '최고의 서비스를 제공 하겠다.' '자기계발을 열심히 하겠다', '따뜻한 승무원이 되겠다', '국제적 감각을 갖겠다' 등의 추상적인 답변들을 쏟아낸다. 그러한 답변은 다른 지원자와 차별화가 어렵고 하나마나한 매력 없는 답변이다. 일단, 이 답변을 하기 전 본인이 가지고 있는 강점은 무엇인지에 대해 생각한다. 그 후, 그 강점으로 회사에 기여할 수 있는 점이 어떤 것이 있는지, 그것을 실천하기 위한 방안은 무엇인지에 대해서 정리해본다. 여러 가지를 말하기보다는 실천 가능한 1~2가지를 표현하는 것이 좋다.

Answer

① 저는 '소확행'을 제공하는 승무원이 되겠습니다. 최근 많은 사람들이 '소확행'을 원한다고 합니다. '소확행'은 바로 '소소하지만 확

실한 행복'이라는 의미인데, 저는 승객들의 비행시간에 어떻게 하면 소소하지만 확실한 행복을 전달할 수 있을지 늘 고민하겠습니다. 예를 들어, 책을 보시는 승객이 계시면 조용히 차와 다과를 준비하여 전달해 드려서 행복한 독서시간이 될 수 있도록 돕겠습니다. 또한, 심심해하는 아이가 있으면 종이와 색연필을 가지고 다가가 예쁜 그림을 그려주겠습니다. 이렇듯, 저는 저의 세심한 관심과 배려로 '소확행'을 전달하는 승무원이 되겠습니다.

② 항상 안전에 대해 철저히 준비하고 실천하는 승무원이 되겠습니다. 최근, 갑작스러운 항공사고에 승무원들이 능숙하게 대처하여 승객들의 안전을 지키는 프로의식에 감명을 받았습니다. 비행기에서는 승객들의 안전이 늘 최우선으로 되어야 하고, 안전 없이는 서비스 또한 존재할 수 없다고 생각합니다. 저는 안전요원으로서의 역할을 잘 수행하기 위해 안전의식을 늘 갖추고, 긴장감을 갖고 매뉴얼을 숙지하겠습니다. 또한, 비행마다 이미지 트레이닝을 하여 비상상황에서도 대처할 수 있는 승무원이 되겠습니다.

4 학교생활

전공을 선택한 이유는 무엇인가요?

Solution Guide

여러분들의 전공이 꼭 항공운항/항공관광 계열이 아니어도 괜찮다. 요즘 면접의 트렌드는 솔직함이기 때문에 어느 정도 사실적인 것이 필요하다. 여러분들이 전공을 통해 기대했던 점이라든가, 전공을 선택할 당시 상황을 진실성 있게 말하는 것이 중요하다.

Answer

저의 전공은 '국제 무역'입니다. 전공을 선택한 가장 큰 이유는 다른 나라에 관심이 많았기 때문입니다. 다른 나라의 경제 상황에 관해 공부하고 싶었고, 국내뿐만 아니라 다양한 나라의 상황을 이해하며 저의 견문을 넓히고 싶어 선택하게 되었습니다. 덕분에 중국어, 일본어 등 다양한 외국어 수업을 통해 언어능력을 키울 수 있었고, 다양한 외국 문화의 예절과 문화를 간접적으로나마 경험할 좋은 기회였다고 생각합니다.

전공에 대해 구체적으로 설명해주세요.

Solution Guide

면접관들이 이 질문에서 여러분에게 가장 궁금한 점은 여러분들이 선택한 전공을 통해 공부하며 어떤 것을 배웠는지, 그를 통해 여러분들이 얼마만큼 성장했는지 이다. 또한, 그 전공이 승무원과 얼마나 연관성이 있는지도 볼 수 있기 때문에 너무 관련 없는 것처럼 말하는 것은 좋은 점수를 얻기 힘들다.

+————— Answer —————

저의 전공은 '영어영문학'입니다. 단순히 영어만 배우는 학문이 아니라 영어권의 사회와 문학에 대한 총체적인 이해를 할 수 있었습니다. 특히 영어로만 진행된 수업이 있었는데 영어로 된 문학책을 읽고 그에 대한 소감을 발표하는 수업이었습니다. 영어 실력뿐만 아니라 문학에 관한 공부를 하며 좀 더 넓게 다른 나라에 대해 이해할 수 있었고, 많은 사람들 앞에서 발표해봄으로써 담대함을 배울 수 있는 소중한 경험이었습니다. 저의 전공과목을 통해 한국 승객들뿐만 아니라 외국인 승객들까지 이해하며 원활히 소통하는 국제적인 승무원이 되겠습니다.

동아리 활동을 했나요?

+————— Solution Guide —————

동아리 활동에서 여러분이 어떤 역할을 맡았는지를 말하며 어필하는 것이 굉장히 중요하다. 단순히 동아리 활동만을 했다고 말하는 지원자보다는 그 동아리 활동 안에서 본인이 했던 역할이나 동아리 활동을 통해 얻게 된 점을 얘기하는 지원자가 기억에 남는다. 또한, 동아리 활동을 한 경험이 없는 지원자가 이 질문을 받게 된 경우에는 너무 당황하지 말고 사실대로 말하면 된다. 단, 단순히 '저는 동아리

활동을 하지 않았습니다.' 의 답변이 아닌 동아리 활동 대신에 본인이
학교생활에서 중점을 둔 다른 포인트(대외활동 또는 학업성적 등)를
말하는 것이 필요하다.

Answer

① '시사 토론' 동아리를 했습니다. 일주일에 한 번씩 모여 가장 이
슈가 되었던 주제로 동아리원들과 서로의 의견을 듣고 나누었습
니다. 이 동아리 활동을 하면서 처음에는 나와 생각이 다른 조
원의 의견을 수렴하는 것이 익숙하지 않았지만 여러 번의 토론
을 통해 나만의 생각만이 아니라 다른 관점에서 나오는 의견을
들으며 새로운 이해를 할 수 있었던 시간이었습니다. 덕분에 다
른 사람의 의견을 듣고 존중하는 방법을 배울 수 있었고 다양한
관점에서 이해하는 포용력 또한 배울 수 있었습니다.

② 안타깝게도 저는 대학 생활 동안 동아리 활동을 따로 하지는
않았습니다. 하지만 좋은 학업성적을 만들기 위해 노력하여 덕
분에 장학금도 받을 수 있었고, 또한 카페에서 서비스 아르바이
트를 하며 실전 경험을 하였습니다.

 대학 생활 동안 어려웠던 점은?

Solution Guide

이러한 부정적인 질문을 받는 경우 많은 지원자가 당황하기도 하
고, 답변하기 어려워하는 경우가 많다. 여기서 딱 한 가지만 기억하
자. 모든 답변은 긍정적으로 대답하는 것이다. 긍정에도 긍정으로,

부정에도 긍정으로 답변하는 것이 중요하다. 여기서도 면접관이 단순히 여러분들의 어려웠던 상황이 궁금한 것이 아니라, 어려운 상황 속에서 어떠한 노력을 통해 극복했는지가 궁금한 것이다. 그러므로 여러분들이 어려운 상황을 극복하기 위해 노력한 부분에 포인트를 주고 말하는 것이 중요하다.

Answer

대학 생활 동안 가장 어려웠던 점은 생활비 전부를 제가 마련해야 하는 것이었습니다. 고등학교를 졸업한 후 저 스스로 생활을 해야겠다고 생각한 이후부터 학교 수업과 아르바이트를 병행하였습니다. 덕분에 다양한 아르바이트 경험을 쌓을 수 있었고 생활력이 강해질 수 있었습니다. 시험 기간에 공부와 아르바이트를 같이 하려다 보니 잠을 3시간씩밖에 자진 못했지만, 좋은 결과가 있을 때마다 저는 뿌듯함과 성취감을 느낄 수 있었습니다.

 본인의 전공과 승무원의 연관성이 무엇이라고 생각하나요?

Solution Guide

승무원에게 필요한 자질과의 연관성을 찾는 것이 좋다. 만약 내 전공이 승무원과 전혀 연관성이 없다는 생각이 드는 경우, "안타깝게도 저의 전공과 승무원의 연관성은 없는 것 같습니다."라고 답변하지 말고, 대학 생활 중 팀 프로젝트를 한 경험이라도 있다면 떠올려 보자.

저의 전공은 '뮤지컬' 입니다. 저는 전공을 통해 아주 많은 무대 경험을 가지고 있습니다. 공연하는 중에는 돌발 상황에도 당황하기보다 그 순간을 의연하게 대처하는 것이 굉장히 중요한 사항이었는데, 승무원 또한 기내에서 발생하는 어떤 상황에서도 당황하지 않고 대처해야 하는 부분이 닮았다고 생각합니다. 또한, 승무원은 항상 팀으로 일하는 것으로 알고 있습니다. 뮤지컬 또한 함께하는 팀원들과의 협력이 굉장히 중요하기 때문에 이러한 부분들이 큰 연관성이 있다고 생각합니다.

 대학 다닐 때 교수님께 어떤 학생으로 비쳐졌나요?

Solution Guide

이 질문의 답변으로 여러분들의 학교생활과 성실성을 확인할 수 있다. 거짓말을 할 수는 없지만, 설령 교수님과 친하지 않다고 하더라도 너무 사실적인 답변은 피하는 것이 좋다.

Answer

저는 학교생활을 성실히 하는 것이 학생으로서 가장 중요한 부분이라고 생각했습니다. 덕분에 성실히 학교생활에 임한 결과 반의 대표의 역할을 하는 '반대표'가 되어 학과 동기들을 돕고 교수님과 동기들 사이의 다리 역할을 하였습니다. 교수님께서는 그런 저에게 많은 일을 믿고 맡겨 주셨고, 책임감을 가지고 역할을 충실히 수행하려고 노력하였습니다. 그래서 현재도 저의 취업을 위해 교수님께서 많은 조언을 해주시며 저의 성실성 덕분에 좋은 결과가 있을 것이라고 말씀해 주실 정도로 좋은 관계를 유지하고 있습니다.

학교 소개, 자랑해 보세요.

학교 소개, 자랑을 통해 '이 지원자가 본인이 소속되어 있는 곳에 대해 어떻게 생각하는가?'를 알 수 있다. 그냥 막연히 학교 자랑을 하라는 것이 아니다. 애정과 자부심을 가득 담아 답변하는 것이 좋다. 훗날 우리 회사의 승무원으로서 다른 누군가에게 회사를 어떻게 얘기하는지 엿볼 수 있는 질문이다.

제가 다닌 학교에 관해 소개해 드리자면 우선, 제가 다닌 학교는 '학생들을 사랑하는 학교이다'라고 말씀드리고 싶습니다. 대만으로의 교환학생 프로그램과 미국 유학 프로그램, 학과 과정 외의 외국어 수업 등을 통해 많은 학생들이 미래를 위해 공부하고 발전할 수 있도록 도와주었습니다. 그 덕분에 학교생활을 하며, 다양한 활동을 함으로써 단순히 대학 전공과목만을 공부한 것이 아니라 사회생활을 하기 전 준비를 탄탄히 할 수 있었습니다. 이처럼 저는 제가 다닌 학교에 굉장한 감사함을 느끼며 제가 현재 면접을 보고 있는 이곳 ○○항공사와 같은 좋은 곳에 취업하여 후배들에게 또 하나의 희망이 되고 싶습니다.

 전공을 살릴 생각은 없나요?

아마도 면접관이 생각할 때, 여러분의 전공이 승무원과 연관성이 부족하다고 생각할 때 이 질문을 하는 경우가 많다. 간혹 "공부한 것이 아깝지 않나요?"라고 물어보는 경우도 있다. 이런 경우 여러분들이 승무원 면접을 보러 온 것이라는 것을 잊지 않아야 한다. 한숨 쉬며 아쉬워하거나 "어쩔 수 없이 취업이 되지 않아 지원했다."라는 뉘앙스를 풍겨서는 안 된다. 반대로, 여러분들이 선택한 전공을 후회하는 답변이나 '재미가 없다', '나와 맞지 않는다'라는 답변 또한 신뢰도를 떨어트리고 본인의 결정에 대한 후회가 느껴지기 때문에 좋지 않다. 전공을 통해 배운 것이 많고 그것을 바탕으로 승무원의 역할을 잘할 수 있는 사람이 필요한 것이다.

Answer

저의 전공은 '수학교육과'입니다. 사실 고등학생 시절 어려운 수학 문제를 풀었을 때의 성취감과 스트레스가 해소되는 것이 즐거워 수학교육과를 선택하였습니다. 그 이후로도 전공을 통해 수학에 대한 이해와 연구 또한 저에게 많은 것을 배울 수 있게 해주었지만, 이후 학생들에게 수학을 가르치는 것보다는 더욱 다양한 사람과 직접 소통하고, 어려운 것보다는 즐거움을 전달하고 싶어서 승무원을 선택하였습니다. 그래서 저의 전공에 대한 아쉬움은 전혀 없습니다.

 졸업 후에 뭐 하셨나요?

Solution Guide

실제로 면접을 하다 보면 이 부분이 궁금할 때가 많다. 면접관은 여러분들이 졸업하고 나서 어떠한 노력을 하며 미래에 대해 준비했는지, 어떤 부분을 부족하다고 생각하여 어떻게 채우려고 노력했는지 궁금하다. 막연히 승무원을 준비만을 했다는 답변보다는 본인의 발전을 위해 노력한 것을 얘기하거나 경험(아르바이트, 해외 경험, 봉사활동 등)을 말하는 것이 좋다.

Answer

저는 졸업 후 승무원에게 가장 필요한 것을 준비하고 싶었습니다. 많은 것들이 필요하겠지만 그중에서 가장 중요한 것은 외국어 능력과 실전 서비스경험이라고 생각했습니다. 그래서 차이나 레스토랑에서 서비스 아르바이트를 하며 실제로 손님들을 응대하고 사람들에게 먼저 다가가는 연습을 통해 서비스의 보람과 재미를 직접 깨달을 수 있었고, 아르바이트 외에 시간에는 틈틈이 미국인 친구를 만나 대화하며 실전에서 사용할 만한 서비스 관련 영어 대화를 직접 해보며 승무원에 필요한 자질을 채워나갔습니다.

 학교생활에서 가장 중요한 것은?

Solution Guide

이 답변을 통해 면접관은 이렇게 생각할 것이다. 학교생활에서 가장 중요하다고 생각하는 부분을 회사에 와서도 중요하게 생각할 것이라고 말이다. 본인의 가치관과 생각이 잘 드러나게 대답하는 것이 중요하다. 또한, 여러분이 학교생활을 하면서 가장 중점을 둔 부분이 어느 부분인지 잘 드러나게 대답하는 것이 중요하다. 예를 들어 학교

성적이 좋지 않은 지원자가 공부가 가장 중요하다고 말하기에는 무리가 있을 것이다. 그런 경우에는 대외활동(동아리 활동, 봉사 활동, 교환학생 등)에 중점을 두는 것이 필요하다.

Answer

① 저는 학교생활에 있어서 가장 중요한 것은 '성실함'이라고 생각합니다. 그 이유는 모든 것은 성실함에서 시작된다고 생각하기 때문입니다. 가장 첫 번째로 저는 학교생활에서 지각하지 않으려고 노력한 결과, 4년 동안 모든 과목에서 지각하지 않은 성실한 학생이 되어 있었습니다. 성실함은 학과 성적 또한 우수하게 받을 수 있었던 밑거름이 되었습니다.

② 저는 '다양한 경험'이 가장 중요하다고 생각합니다. 고등학생 때와는 다른 대학 생활에서는 저 스스로 결정할 수 있는 것이 늘어나고 학교 수업 외에 저를 더 발전시킬 수 있는 경험들을 하는 것이 미래에 많은 도움을 줄 것으로 생각했습니다. 그래서 저는 '여행 동아리'를 통해 많은 사람들과 소통하는 방법을 배웠고, 국내의 다양한 여행지에 대해 직접, 간접적으로 경험하며 견문을 넓힐 수 있었습니다.

- 대인관계
- 경력

친구를 사귈 때 보는 기준이 무엇인가요?

Solution Guide

이 답변을 통해 면접관이 유추할 수 있는 것은 여러분들의 평소 가치관이나 중요시 생각하는 부분을 파악할 수 있으며 본인의 성향까지 알아볼 수 있다는 것이다. 예를 들어 "시간 약속을 중요하게 생각하는지를 보는 편입니다. 시간 약속만 잘 지켜도 서로의 신뢰가 쌓이고, 기본적인 것을 잘 지키는 사람이 뭐든 잘할 것이라고 생각하기 때문입니다."라는 답변을 하게 된다면 말하는 본인은 당연히 시간 약속을 잘 지키는 사람이라고 생각하게 된다.

Answer

친구를 사귈 때 많은 것을 따지지는 않지만 '예의' 한 가지는 보는 편인 것 같습니다. 친구 사이뿐만 아니라 모든 관계에서는 예의가 중요하다고 생각하는 편인데, 예의를 갖추고 있는 사람이라면 관계를 유지하는 데 있어서 크게 어려움이 없다고 생각합니다. 그래서 누구에게나 '예의'를 갖추는 사람인지 보는 것 같습니다.

가장 친한 친구에 대해서 말해보세요.

Solution Guide

"친구를 보면 그 사람을 알 수 있다."라는 말이 있다. 여러분의 가장 친한 친구를 소개하는 동안 면접관은 여러분에 대해 파악하고 있을 것이다. 그러므로 친구의 단점보다는 장점 위주로 말하는 것이 좋다. 서로 보완이 되는 점, 배울 수 있는 점 등을 말함으로써 친구에 대한 애정과 사람을 소중하게 생각하는 여러분을 보여주는 것이 중요하다.

Answer

저의 가장 친한 친구는 OOO입니다. 그 친구는 저와 중학교 시절부터 함께 했습니다. 그 친구와 친하게 된 계기는 밝은 성격이 굉장히 비슷하고 서로를 배려하는 모습이 있었기에 가능했던 것 같습니다. 어려운 환경에서도 웃음을 잃지 않고 본인이 할 수 있는 최선의 노력을 하며 저에게 긍정적인 자극을 주기도 하는 친구입니다. 저도 노력하는 모습을 통해 친구에게 좋은 자극이 되어 서로에게 긍정적인 효과를 주는 친구로 평생 함께하고 싶습니다.

 친구들 사이에서 어떤 역할을 하시나요?

Solution Guide

어떤 역할이든 상관없다. 항공사에도 리더만 필요하거나 조력자만이 필요하지 않다. 다양한 사람들의 역할이 필요하므로 여러분의 역할을 구체적으로 얘기하는 것이 필요하다. 또한, 친구 사이를 통해 여러분이 직장 동료들과 잘 지낼 수 있는지도 확인할 수 있기 때문에 친구들과의 관계를 잘 표현하는 것도 중요하다.

── Answer ──

저는 친구들에게 '엄마'라고 불릴 정도로 친구들을 잘 챙기는 편입니다. 성격이 세심하고 꼼꼼하여 친구들이 놓치는 부분을 세심히 살펴 챙겨주다 보니 그러한 별명이 생긴 것 같습니다. 또한, 친구들의 이야기를 잘 들어주는 편이어서 고민을 해결해주지는 못하더라도 잘 들어주고 함께 공감해줌으로써 든든한 역할을 하고 있다고 생각합니다.

 친구가 우울해할 때 어떻게 해줄 수 있을까요?

── Solution Guide ──

친구에 대한 배려심과 어려운 상황에서 극복해나가는 과정을 통해 승객들을 대하는 태도를 볼 수 있고 또한 팀으로 근무하는 승무원의 특성상 팀원들과 어려운 일이 있었을 경우 헤쳐 나가는 모습을 발견할 수 있기 때문에 가벼운 대답보다는 구체적이고 진실 되게 말하는 것이 필요하다.

── Answer ──

먼저 제가 우울할 때 친구가 어떻게 해주었으면 좋겠는지를 생각해 보겠습니다. 저의 경우 친구가 옆에서 든든히 제 편이 되어 이야기를 들어주고 공감해준다면 그것만으로도 충분히 기분이 나아질 것 같습니다. 그렇기 때문에 저의 친구가 우울해한다면 그 이유를 정성껏 들어주고 함께 공감하겠습니다. 그 이후 제가 더 도와줄 수 있는 부분이 있는지 찾아보겠습니다. 또한, 친구가 좋아하는 취미 생활을 함께 하며 기분을 풀어주겠습니다.

 친해지고 싶지 않은 친구 유형이 있다면?

Solution Guide

솔직하게 말하되 사람과의 관계에 있어서 너무 좁아 보이지 않아야 한다. 우선 승무원은 팀으로 근무해야 하고 새로운 사람을 항상 만나야 하기 때문에 조심스럽게 말하는 것이 필요하다. 또한, 본인 어필을 위해 모든 유형의 친구와 잘 지낼 수 있다고만 답하는 것은 신뢰성이 떨어질 수 있다.

Answer

친구를 사귀는데 크게 거리낌을 느끼지 않는 편이지만 친해지고 싶지 않은 친구 유형을 말하자면 시간 약속을 잘 지키지 않는 사람입니다. 시간 약속은 굉장히 사소하지만 중요한 부분이며, 시간 약속을 잘 지키지 않는 사람은 다른 사람에게 신뢰를 얻기가 굉장히 어렵다고 생각합니다. 그렇기 때문에 사소한 부분일 수 있지만 시간 약속을 소중히 생각하지 않고 지키지 않는다면 친해지고 싶지 않을 것 같습니다.

 대인관계에서 가장 중요한 것이 무엇이라고 생각하시나요?

Solution Guide

앞서 말한 질문들과 비슷한 뉘앙스이다. 이 질문에 대한 답변을 통해 지원자들의 평상시 생활신조나 가치관을 볼 수 있다. 어떤 것이든 상관없다. 단, 왜 그렇게 생각하는지 이유를 구체적으로 말할 수 있어야 한다.

✦ Answer

저는 '신뢰'라고 생각합니다. 서로 간의 믿음이 바탕이 되어야 즐거움도 어려움도 나눌 수 있다고 생각하기 때문입니다. 서로 간의 신뢰를 쌓기 위해서는 사소한 약속이나 서로에게 말한 내용을 다른 사람과 공유하지 않는, 작은 부분에서부터 지켜져야 한다고 생각합니다.

 본인의 경력에 대해 구체적으로 말해보세요.

✦ Solution Guide

경력에 대해 말할 때 우선으로 생각할 수 있는 부분은 여러분의 경력이 승무원으로서 근무할 때 어떠한 도움이 될지일 것이다. 또한, 일에 대한 책임감과 성실성을 파악할 수 있는 질문이 될 수 있다. 그렇기 때문에 경력에 대해 말을 할 때는 본인이 맡은 업무에 관한 내용이나 그를 통해 얻었던 결과에 관한 내용을 구체적으로 말하는 것이 필요하다.

✦ Answer

저는 간호사로 근무한 경력이 있습니다. 대학병원의 간호사로 근무하면서 많은 사람을 만나며 배려심을 터득하였고, 전문 직업인으로서 맡은 바 최선을 다하는 자질을 갖추었습니다. 간호사라는 직업을 통해 한 사람의 병을 고치고 생명을 살리는 것을 돕는 일이기 때문에 보람 있었습니다. 많이 아픈 환자들을 대할 때는 조금 더 세심하게 아픈 곳을 공감하려 노력하였고, 같이 온 보호자들은 그 마음을 이해하려고 노력하였습니다. 덕분에 많은 분들의 칭찬을 받으며 더욱 성장할 수 있었습니다. 따뜻한 가슴으로 환자를 돌보던 경험을 바탕으로 이제는 승객의 입장에서 생각하며 세심하게 요구를 파악하여 감동을 드리는 승무원이 되고 싶습니다.

 왜 회사를 그만두었나요?

Solution Guide

여기서 중요한 점은 이전에 다니던 회사의 단점을 말하는 것은 절대 좋지 않다. 예를 들어, "사무직이 나와 맞지 않았다."라든가 "회사가 일이 너무 많아서 힘들었다."라는 답변은 본인이 선택한 일에 대한 책임감이 부족해 보이고, 사무직이라 맞지 않는다는 답변도 사실 승무원 면접에 크게 도움이 되진 않는다. 한번 불평한 사람은 다른 직장에 있어서도 충분히 불평할 수 있다고 생각하기 때문이다. 오히려 다녔던 회사에서 쌓은 경력과 배운 점을 말하는 것이 좋으며, 그만둔 이유에 대해서는 온전히 승무원이 되기 위한 과정이었음을 면접관들에게 어필하여야 한다. 그만둔 후 찾다가, 찾다가 승무원 면접을 봤다는 뉘앙스는 절대 금지!

우선 저의 전공을 살려 저의 첫 번째 직장인 광고 마케팅 회사에 취업할 수 있었습니다. 첫 직장에서의 사회경험은 저를 발전시키고 크게 성장하는 발판이 되었습니다. 처음 보는 다양한 사람들과 원활히 소통하는 방법을 배울 수 있었고, 광고하나를 만들기 위해 작은 역할이었지만 제가 맡은 일에 대한 책임감 또한 배울 수 있었습니다. 하지만 사람들과 소통하고 함께 일하면서 더욱더 확고해진 것은 승무원이 되고 싶은 저의 다짐이었습니다. 오히려 사회생활을 경험함으로써 확고해진 저의 다짐이었기에 충분히 생각하고 결정하여 회사를 그만두게 되었습니다.

 그만둔 후 무엇을 했나요?

Solution Guide

일을 그만둔 후 구체적으로 승무원에 대해 어떤 것을 준비하였는지, 진실되게 승무원이 되고 싶은 것인지, 아니면 어쩌다 보니 지원하게 된 것인지 알아볼 수 있는 질문 중의 하나이다. 그렇기 때문에 그만둔 후 구체적으로 승무원이 되기 위해 어떤 준비를 했는지 대답하는 것이 좋다.

Answer

그만둔 후 제 다음 목표를 위한 준비 시간이라고 생각하였습니다. 저의 승무원이 되고자 하는 마음이 너무나 컸기 때문에 이렇게 준비할 수 있었다고 생각합니다. 그래서 그 시간 동안 승무원에게 필요한 자질을 갖추려 노력하였습니다. 그 첫 번째로 영어뿐만 아니라 더욱 다양한 외국인 승객과 소통하고자 조금 공부해 두었던 중국어를 다시 공부하여 HSK 5급을 취득할 수 있었습니다. 또한, 꾸준한 운동이 필요하다고 생각하여 일주일에 세 번 이상 아침에는 수영을, 저녁에는 헬스를 하며 체력과 마음을 튼튼히 하는 시간을 가졌습니다.

Part
5

기내 상황별 롤플레이

1
승객 응대 커뮤니케이션

A. 공감적 경청

상대와 마음을 나누는 대화에서의 비법은 역설적이게도 말을 줄이는 것에서부터 시작된다. 이야기하는 시간이 길다고 해서 더 많은 공감이 일어나는 것은 아니다. 사람에게 왜 두 개의 귀와 하나의 입이 있을까? 승객의 말을 잘 듣고 입장을 먼저 이해하고 공감하려는 노력이 필요하다. 이렇듯 중요한 경청은 다음의 공감적 형태로 이루어지는 것이 가장 이상적이다. 공감적 경청은 승객의 의도를 파악하고 감정까지 공유하는 것이다. 말하는 이가 왜 이런 이야기를 하는지 생각하며 듣고, 자신이 이해한 내용을 확인하며 대화를 이어나간다. 공감적 경청이 이루어질 때에야 비로소 말하는 사람은 마음을 열고 대화에 참여하게 된다.

승객: 일본에 입국할 때 쓰는 서류가 이 두 가지 맞나요?

승무원: 네, 세관신고서와 입국신고서 두 가지 작성하시면 됩니다.

승객: 아, 영어로 작성해야 하는 거죠?

승무원: 네, 손님. 서류 작성 예시는 기내 좌석 앞주머니에 있는 『모닝캄』 잡지 90쪽에 있습니다. 참고하시고, 혹시나 더 궁금하신 부분 있으시면 언제든 불러주세요.

승객: 친절하게 설명해 주셔서 감사합니다.

승객이 전하는 이야기를 공감하며 경청한다면 승객이 무엇을 요구하는지 보다 빠르고 정확하게 알 수 있고, 커뮤니케이션에서 야기되는 오해와 실수를 방지할 수 있다. 즉, 공감적 경청은 상대방을 존중하고 배려하여, 관계를 발전시킬 수 있는 좋은 수단이 된다.

B. 쿠션 화법과 청유형 화법

쿠션 화법이란, 딱딱하고 건조한 문장 속에 '죄송하지만', '괜찮으시다면'과 같은 부드러운 표현을 배치하는 화법을 말한다. 무엇을 부탁하거나 지시, 거절 또는 부정의 말을 꺼내야 할 때 푹신한 쿠션을 깔아놓은 듯, 상대방의 감정을 다치지 않고 기분 좋은 대화를 부드럽게 이어나갈 수 있다.

쿠션 화법과 함께 대화를 더 부드럽게 만드는 청유형 화법을 사용할 수 있다.

"~해주세요."라는 문장 대신 "~해주시겠습니까?"라고 부탁하는 형식의 문장으로 바꾸는 것이다. 이렇게 이야기하는 습관은 상대방에게 전달하는 말의 어감을 더욱 상냥하고 정중하게 만들어 거부감을 줄일 수 있으며, 상대방에게 원하는 행동을 유도할 수 있다.

Tip **쿠션 화법**

· 다시 한번 말해주세요.
　→ 죄송합니다만, 다시 한번 말씀해 주시겠습니까?

· 이 서류를 작성해 주세요.
　→ 번거로우시겠지만, 이 양식에 내용을 작성해 주시겠습니까?

- 제가 다시 전화 드리겠습니다.
  → 양해해주신다면, 제가 급한 용무를 수습하고, 다시 전화를
    드려도 괜찮을까요?

- 잘 모르겠습니다.
  → 괜찮으시다면, 제가 정확히 알아본 후에 안내해 드리겠습니다.

C. 칭찬

- 구체적으로 칭찬하라.

모호한 칭찬은 오히려 오해를 만들 수도 있다. 구체적이고 명확한
칭찬이 상대방의 마음을 움직이게 한다.

- 사소한 것도 칭찬하라.

칭찬에 인색한 사람들은 상대방의 사소한 장점을 무시하고 지나친다.
큰일에 대해서만 칭찬하려고 한다면 한 번도 칭찬할 기회를 만들지
못할 수도 있다. 남들이 보지 못하는 사소한 장점을 찾아 칭찬해 주
었을 때 의외의 효과를 볼 수 있다.

- 상대방이 그 날 노력한 부분을 칭찬하라.

그 날 상대방이 노력하고 신경 쓴 부분을 칭찬해보자. 헤어스타일
을 신경 쓴 것 같아 보이는 승객에게는 "헤어스타일이 참 잘 어울리
세요."라고 칭찬하고, 립스틱 색상을 신경 쓴 것 같아 보이는 승객에
게는 "립스틱 정말 예쁘시네요."라고 칭찬한다. 작은 소재일지라도 세
심한 관찰을 통해 건네는 한마디가 기분을 좋게 한다.

2
불만 승객 응대

A. 불만 승객 응대 기본원칙

1. 피뢰침의 원칙

승객은 나에게 개인적인 감정이 있어서 화를 내는 것이 아니라 일 처리에 대한 불만으로 회사 자체에 항의하는 것이다. 그러므로 불만을 얘기하는 것에 상처받기보다는, 마치 피뢰침처럼 불만을 듣고 회사의 제도나 규정에 반영하여 다시 땅속으로 흘려보낼 수 있어야 한다.

2. 책임 공감의 원칙

우리는 모두 조직 구성원의 일원이므로 내가 한 일의 결과가 아니 더라도 승객의 불만에 대해서는 책임을 질 수 있어야 한다.

3. 감정통제의 원칙

순간의 감정조절을 잘못함으로써 승객과 맞대응하지 않아야 하며, 이로 인해 큰 오류를 발생시키지 않도록 주의해야 한다.

4. 언어절제의 원칙

말을 많이 한다고 해서 무조건 좋은 것이 아니다.

오히려 말을 많이 하면 실수나 오해를 일으킬 수 있다. 반면, 승객의 말을 많이 들어주며 공감적 경청을 하면 문제를 원만하게 해결할 수 있 다. 지식과 경험이 많다고 해서 승객을 잘 상대하는 것은 아니므로, 승 객의 말을 최대한 잘 경청할 수 있는 자세를 가져야 한다.

5. 역지사지의 원칙

누구라도 그 사람의 입장이 되어보지 않고서는 그 마음을 헤아리기가 쉽지 않다.

다른 사람의 처지에서 생각하라는 뜻의 역지사지처럼, 승객의 관점에서 이해할 수 있도록 승객의 관점에서 문제를 바라볼 줄 알아야 한다.

B. 서비스인의 7대 죄악

독일의 미래학자 칼 알브레히트는 다음과 같이 서비스인의 7대 죄악을 꼽았다.

- 무관심: 나와는 관계없다는 태도로 고객이 요구하는 서비스만을 제공하는 행위
- 무시: 고객의 요구나 문제를 못 본 척하고, 응대를 피하는 행위
- 냉담: 퉁명스럽게 말하고, 고객의 사정을 고려하지 않는 응대. 적대감을 드러내는 자세
- 생색내기: 낯설어하는 고객에게 생색내며 서비스를 제공하거나 마치 고객을 하대하는 듯한 태도
- 로봇화: 직원이 완전히 기계적으로 응대하므로 인간미를 전혀 느낄 수 없는 태도
- 규정 핑계: 고객 만족보다는 내부 규정만을 앞세우기 때문에 상식적이지 않은 서비스가 제공되는 상황
- 뺑뺑이 돌리기: 고객의 요청에 대하여 자신의 담당이 아니라며 책임을 회피하는 행위

3

기내 상황별 롤플레이 답변 Tip

일부 항공사에서는 임원면접 시 영어 구술테스트와 함께 롤플레이 면접을 거치기도 하고, 간혹 실무면접이나 임원면접 중에도 롤플레이 질문을 받을 수 있다.

면접관은 신입 승무원 지원자에게 노련한 현직 승무원과 같은 서비스 태도 및 순발력을 기대하지 않는다. 다만 바람직하지 않은 상황 대처나 서비스 마인드, 상식선을 벗어난 답변은 좋은 결과를 기대하기 힘들다.

승객에게 좋은 서비스를 준비할 마음가짐과 태도, 그리고 팀워크의 중요함을 인지하고 있다는 것을 어필할 필요가 있으며, 이를 답변에 잘 녹여서 센스를 가미한 답변을 미리 정리해 두는 것이 좋다.

4

롤플레이 기출문제

A. 승객 탑승과 이륙 준비

 Q. 함께 탑승한 승객의 좌석이 분리된 경우

Solution Guide

이 경우 보통 지상에서 티켓팅을 할 때 일행은 좌석을 붙여주려고 하지만 만석이거나 붙여줄 좌석이 마땅치 않은 경우 일행과 좌석이 분리되는 경우가 발생한다. 이런 경우 상황을 이해하고 공감하는 것이 가장 중요하며 최대한 노력하여 좌석을 바꾸거나, 마땅치 않은 경우라 하더라고 노력하는 모습을 보이는 것이 중요한 포인트이다.

Answer

이런 경우 첫 여행의 시작을 함께 하고 싶을 승객들의 마음을 먼저 헤아리고 공감하며 최선을 다하는 모습을 보여드리겠습니다. 혹시 기내에 빈 좌석이 있는지 확인하고 있다면 바꿔드리고, 없다면 주변에 오신 승객분들 중에서 좌석을 바꿔주실 의향이 있으신지 조심스럽게 여쭈어 보겠습니다.

그런데도 바꿀 좌석이 없다면, 상황이 여의치 않음을 잘 설명해 드리고 양해를 구한 후 다른 불편함이 없도록 내리실 때까지 신경 써서 서비스해드리겠습니다.

Q. 승객이 좌석벨트를 매지 않으려는 경우

Solution Guide

이런 경우에는 절대 승객에게 명령조로 말하거나 가르치는 말투는 사용하지 않아야 한다. 하지만 안전에 관한 업무이기 때문에 굉장히 중요한 부분이다. 일단 좌석벨트를 왜 매야 하는지 친절하게 설명하고 다른 사람을 위한 것이 아니라 승객 본인의 안전을 위함이라는 것을 다시 한번 알린 후 좌석벨트를 착용할 수 있도록 도와야 한다.

Answer

좌석벨트의 경우 가장 기본적이면서도 중요한 안전사항이기 때문에 꼭 하셔야 하는 부분으로 알고 있습니다. 그렇기 때문에 승객에게 어떤 점이 불편하신지 정중히 여쭙고 다른 부분을 도와드릴 수 있는지 찾아보겠습니다. 그리고 좌석벨트의 경우 승객의 안전을 위함임을 다시 한번 말씀드려 꼭 좌석벨트를 착용하실 수 있도록 도와드리겠습니다.

Q. 승객 탑승 중 접히지 않는 유모차를 가지고 타는 경우

Solution Guide

접히지 않는 유모차의 경우 부피를 굉장히 많이 차지한다. 기내에 그 유모차를 넣을 만한 공간이 없는 경우가 대부분이기 때문에 유모차를 빨리 화물칸으로 보내는 것이 중요하다. 이 경우 승객에게 양해를 구하는 부분과 지상 직원에게 연결해 바로 유모차를 인계하는 부분이 중요하다. 또한, 도착해서도 승객이 바로 받을 수 있게 조처를 해야 한다.

Answer

이런 경우 기내에 유모차를 보관할 장소가 있는지 먼저 확인하겠습니다. 그 후 보관할 장소가 마땅치 않다면 빨리 사무장님과 지상 직원에게 말씀드려 화물칸으로 보낼 수 있는지 확인해야 합니다. 또한, 승객에게 기내에 보관할 장소가 없기 때문에 화물칸으로 보내야 하는 상황에 대한 정확한 설명과 양해를 구한 뒤 도착지에서 유모차를 바로 받으실 수 있도록 해야 할 것입니다.

Q. 시각장애인이 탑승한 경우

시각장애인의 경우 앞이 보이지 않기 때문에 촉각, 청각에 굉장히 민감하다. 그렇기 때문에 양해를 구하지 않고 몸에 손을 대는 경우는 예의에 어긋날 수 있다. 이런 경우 항상 소리로 먼저 양해를 구해야 하며, 승무원 호출 버튼이나 구명조끼의 위치, 좌석벨트의 위치, 화장실의 위치 등 상세한 설명이 필요하다.

Answer

제가 알기로는 시각장애인의 경우 촉각과 청각에 예민하다고 합니다. 그러므로 몸에 손을 대기 전 괜찮으신지 양해를 구해야 하며, 좌석까지 천천히 안내해 드린 후 필요한 것들의 위치를 정확히 안내하는 것이 중요하다고 생각합니다. 승무원 호출 버튼의 위치나 구명조끼의 위치, 좌석벨트의 위치, 화장실의 위치 등 손으로 직접 만져보실 수 있게 정확히 안내해 드리겠습니다. 그리고 비행 중 불편하신 점은 없으신지 세심하게 살피겠습니다.

 Q. 일반석 승객이 비즈니스 클래스에 연예인이 탄 걸 보았다며 사인을 받아 달라고 하는 경우

Solution Guide

그 마음은 공감하되, 연예인도 똑같은 승객으로서 휴식을 취할 필요가 있다는 것을 기억해야 한다. 사실 연예인의 성격에 따라 오롯이 휴식을 취하고 싶어 하는 사람도, 알아봐 주는 것에 감사함을 느끼는 사람도 있다. 하지만 한 명의 승객의 요청에 응했을 경우, 주변 승객들까지 요청이 와서 당황스러운 일이 발생할 수 있으니 주의해야 한다.

⤚   Answer

일단 승객이 사인을 받아 달라고 하는 것에 있어 공감을 표현하는 것이 중요하다고 생각합니다. 저도 굉장히 좋아하는 연예인이어서 싸인 받고 싶은 마음이 크지만, 휴식 중이시기 때문에 제가 따로 사인을 요청하기는 어려운 상황임을 자세히 말씀드리고 양해를 구하겠습니다. 제가 그 승객분만 따로 사인을 받아드리는 경우 다른 승객들도 요구하는 상황이 발생할 수도 있기 때문에 더욱 조심해야 할 것 같습니다. 또한, 모든 승객이 기내에서는 편안하게 휴식을 취해야 하기 때문에 연예인 승객도, 사인을 요청하신 승객도 편안하게 목적지까지 가실 수 있도록 신경 쓰겠습니다.

 Q. 승객이 특정 신문을 요청했는데 소진된 경우

⤚   Solution Guide

특정 신문이 소진된 것을 알고 있는 상황이라 하더라도 찾아보려고 노력하는 것이 중요한 포인트이다. 또한 "신문이 모두 소진되었다."라는 말만 하는 것보다는 그 외에 대체할 수 있는 서비스를 안내하고 제공하는 것이 중요하다.

일단 승객이 요청한 신문이 남아 있는지 비행기 앞뒤 모두 한 번 더 꼼꼼히 찾아보겠습니다. 그런데도 모두 소진된 경우라면 승객에게 사실을 말씀드린 후 다른 신문을 가져다드릴지 여쭤보겠습니다. 그럼에도 그 특정 신문만을 요구하신다면 혹시 보신 분들 중 다 본 신문이 있는지 확인하고 양해를 구한 뒤 깨끗이 정리하여 서비스하도록 하겠습니다.

 Q. 초등학교 1학년 학생이 혼자 비행기에 탑승한 경우

Solution Guide

이런 경우 항공사마다 특화서비스가 있어서 특화서비스를 신청한 경우 서비스 절차가 달라지며, 지원자들은 본인이 지원한 항공사의 특화서비스는 알고 있어야겠지만, 자세한 절차까지는 알 수가 없는 것이 당연할 수 있다. 그렇기 때문에 기본적인 서비스에 충실한 답변을 하는 것이 중요하다. 또한, 어린이 승객에게도 반말하거나 너무 편하게 대하지 않는 것이 중요 포인트이니 주의하도록 한다.

Answer

혼자 탑승한 어린 승객의 경우 조금 더 신경 쓰면서 세심히 서비스해야 한다고 생각합니다. 탑승하게 되면 먼저 저의 소개를 하며 친근하게 다가가겠습니다. 또한, 언제든지 호출할 수 있도록 호출 버튼도 안내해주며, 비행에 대한 두려움을 가지지 않도록 서비스하겠습니다. 또한, 긴 비행시간 동안 지루하지는 않을지 중간중간 신경 쓰며 도착지에 착륙하여 비행기에서 내릴 때까지 친근하고 편안한 서비스를 제공하겠습니다.

Q. 탑승 시, 항공권 확인을 왜 이렇게 많이 하느냐고 불만을 표시한 경우

✦ Solution Guide

먼저 불편함을 느낀 상황을 공감하며, 양해를 구하는 것이 필요하다. 하지만 항공권 확인의 경우 안전업무 중의 하나임으로 승객들의 안전을 위한 절차임을 정중히 설명해 드린 후 확인해야 한다.

✦ Answer

네, 이런 경우에는 불만을 표시하신 승객에게 번거로움에 대한 사과를 드린 후 항공권 확인의 경우 안전 보안에 관한 업무이므로 정중히 양해를 구하겠습니다. 또한, 협조해주심의 감사함을 꼭 표현하겠습니다.

B. 식사 및 음료 서비스

Q. 나중에 식사하겠다고 하는 승객의 경우

✦ Solution Guide

승객의 좌석번호를 메모해 둔 후, 언제쯤 식사를 준비해드리면 좋을지 확인하는 것이 중요하다. 또한, 원하시는 식사 메뉴가 무엇인지 확인해서 따로 보관해 놓아야 하며 중간에 잊지 않고 승객이 원하는 시간에 식사를 서비스해야 한다. 또한, 모든 승무원들과 정보를 공유하여 차질이 일어나지 않도록 하는 것이 중요하다.

Answer

식사 서비스 시간 외에 식사를 원하시는 경우, 먼저 좌석번호를 꼭 적어두겠습니다. 그리고 어떤 메뉴를 원하시는지 확인하여 따로 보관해서 승객이 원하시는 시간에 서비스해 드리도록 하겠습니다. 또한, 동료 승무원들에게도 요청한 승객의 좌석번호와 메뉴를 공유하여 승객이 원하실 때 차질 없이 서비스할 수 있도록 해야 할 것 같습니다.

Q. 비행 중에 어린이 특별 기내식을 주문하는 경우

Solution Guide

어린이 특별 기내식의 경우 신청 개수만큼만 비행기에 실리기 때문에 미리 신청해야만 서비스가 가능하다. 정확한 정보 안내가 필요하며, 비행 중 어린이 특별 기내식을 제공하기는 어렵지만 다른 대체서비스를 통해 상황에 대처하는 센스가 필요하다.

Answer

어린이 특별 기내식뿐만 아니라 모든 특별 기내식의 경우 미리 신청해야 하는 것으로 알고 있습니다. 그래서 비행 중 어린이 특별 기내식을 제공하기 어려운 상황임을 승객분께 정확히 안내하겠습니다. 대신하여 다른 간식이나 어린이가 먹을 수 있는 기내식을 추천해 드리겠습니다. 또한, 비행 전 기내식을 신청하시는 방법을 설명드려 다음에는 꼭 이용하실 수 있도록 안내해 드리겠습니다.

Q. 술을 이미 많이 마신 승객이 술을 또 달라는 하는 경우

Solution Guide

요즘 술로 인한 기내 난동 행위가 일어나는 경우가 많다. 따라서 술을 이미 많이 마신 승객에게는 술을 계속 제공하지 않아야 한다. 승객의 요구를 거절해야 할 때에는 말투가 굉장히 중요하기 때문에 단호한 태도 안에 정중함을 잃지 않아야 한다. 또한, 기내는 압력 차이로 인해 지상에서 더 빨리 취하게 된다. 이 점을 인지하고 있어야 하며, 단순히 안 된다고만 하기보다는 대신할 수 있는 무알코올 음료나 물 등으로 대체하여 서비스하는 것이 좋다.

이후 모든 승무원과 정보를 공유하여 동일한 서비스를 할 수 있도록 주의한다.

Answer

기내에서는 압력 차이로 인해 조금 더 빨리 취하는 것으로 알고 있습니다. 이런 경우 다른 승객들에게도 불편을 줄 수 있기 때문에 승무원의 역할이 굉장히 중요할 것 같습니다. 술을 많이 마신 승객이 또 달라고 하는 경우 술을 계속 제공하는 것보다는 무알코올 음료나 물을 제공해서 더 이상 술을 섭취하지 않도록 해야 하며, 또한 모든 승무원들과 공유하여 동일한 서비스를 해야 할 것 같습니다.

 Q. 실수로 승객에게 주스를 쏟았을 경우

Solution Guide

승무원의 실수로 승객에게 주스를 쏟았을 때는 가장 먼저 진심으로 사과를 하는 것이 필요하다. 또한, 여기서 핵심은 승객의 몸에 묻은 주스를 닦아주기보다는 닦을 수 있는 냅킨이나 물티슈를 제공하는 것이다.

이후 승객의 옷이 여분이 있다면 갈아입을 수 있도록 안내해야 한다. (보통 항공사마다 세탁비를 제공하는 서비스가 있긴 하지만, 면접 시 답변을 할 때 세탁비를 제공하겠다는 답변보다는 승무원으로서 할 수 있는 서비스를 먼저 답변하는 것이 좋다.)

✦ Answer

항상 조심히 서비스하며 주스를 쏟지 않는 것이 가장 좋겠지만, 만약 승객에게 주스를 쏟았다면 바로 진심 어린 사과를 드리겠습니다. 그리고 곧바로 주스를 닦으실 수 있도록 냅킨과 물티슈를 준비해 드리겠습니다. 이후 갈아입으실 수 있는 여분의 옷이 있으시다면 화장실로 안내해 드리고 좌석에도 음료가 묻진 않았는지 세심하게 살피며 추후에도 신경 쓰겠습니다.

Q. 기내식 서비스 도중, 한 승객이 다 쓴 아기 기저귀를 치워달라고 하는 경우

✦ Solution Guide

기내식 서비스를 할 때는 아무래도 청결이 가장 중요하기 때문에 아기 기저귀를 치워달라고 하는 경우, 기저귀를 만진 손으로 식사 서비스를 하는 것은 위생에 좋지 않다. 그렇기 때문에 일단은 기저귀를 담을 수 있는 (좌석 앞주머니에 있는 위생봉투 등) 것을 제공하여 잠시 바닥에 내려둔 후 기내식 서비스가 끝난 후에 바로 치우는 것이 가장 좋은 방법이다.

✦ ─── Answer ───

승객의 요청을 바로바로 응해야 한다고 생각하지만, 서비스를 하는 중이라면 우선순위를 정하는 것이 중요하다고 생각합니다. 이 경우에는 기내식 서비스를 하고 있는 중간이고 청결이 중요한 서비스이기 때문에 우선 기내식 서비스를 끝내고 난 후 아기 기저귀를 치워드려야 할 것 같습니다. 요청하신 승객에게 현재 기내식 서비스 중이기에 바로 응하지 못하는 점과 잠시 더 기다려 주셔야 하는 부분에 있어서 양해를 구하겠습니다. 또 다 쓴 아기 기저귀를 계속 가지고 계시는 것도 불편할 수 있기 때문에 담을 것을 제공하여 잠시 바닥에 두시면 식사서비스가 끝난 후 바로 정리해드리도록 하겠습니다.

Q. 승객이 식사 중 기내식에서 이물질이 발견한 경우

✦ ─── Solution Guide ───

기내식에서 이물질이 발견된 경우 가장 먼저 사과해야 한다. 또한, 빠른 대체서비스가 필요할 것이다. 양해를 구하고 새로운 식사로 변경해드리거나 다른 식사를 원치 않는 경우 간식이라도 제공하려 노력하는 모습을 보이는 것이 좋다. 또한, 이후 서비스를 할 때 세심하게 살피는 센스가 필요할 것이다.

가장 먼저 사과의 말씀을 드리겠습니다. 좀 더 세심하게 살폈어야 하는 부분에 있어서 양해의 말씀을 드린 후, 새로운 기내식으로 다시 서비스를 해드릴지 여쭤보겠습니다. 그리고 최대한 빠르게 새로운 식사를 하실 수 있도록 하겠습니다. 혹, 원치 않으시는 경우 간식이라도 제공하여 식사에 차질이 없도록 노력하겠습니다. 또한, 이후에 식사 서비스를 할 때는 미리 조금 더 세심하게 살피겠습니다.

C. 안전 관련 상황

 Q. 승객이 갑자기 쓰러진 경우

승객의 안전을 책임지는 승무원으로서 승객이 쓰러진 경우, 당황하는 모습을 보이거나 우왕좌왕하는 모습을 보이는 것은 승객에게 신뢰를 주기에 어렵다. 그러므로 당황하지 않고 승객을 응대하는 모습을 보여줘야 한다. 동료 승무원들에게 바로 알려 상황을 파악하려 노력해야 하고, 갑자기 쓰러진 원인을 확인하는 것이 중요하다. 승무원들이 파악하기 어려운 경우 기내에 있는 의사나 지상에 있는 의사에게 도움을 요청해야 한다. 실제 비행기에서 응급 환자가 발생한 경우, 근처 가까운 공항으로 회항하는 경우도 있다.

승객의 안전은 굉장히 중요한 부분이라고 생각합니다. 또한, 승객들은 승무원을 믿고 탑승하기 때문에 승무원으로서 당황하는 모습을 보여서는 안 된다고 생각합니다. 승객이 갑자기 쓰러진 경우 바로 동료 승무원들에게 상황을 알리고 응급조치를 해야 할 것입니다. 원인이 무엇인지 확인하고 그에 맞는 응급조치를 함으로써 승객을 돌보아야 합니다. 만약 승무원들의 응급조치로 상황이 나아지지 않을 때에는 빨리 기내에 있는 의사나 지상에 있는 의사에게 도움을 요청해 상황에 맞는 조처를 하도록 노력하겠습니다.

 Q. 화장실에서 담배 피우는 승객을 발견한 경우

Solution Guide

화장실에서 담배를 피우는 경우 담배 연기로 인한 불편함이 생기는 경우도 있지만, 가장 위험한 이유는 화재 때문이다. 그것은 담배를 피우는 승객의 안전뿐만 아니라 모두의 안전 문제이기 때문에 단호하지만 정중한 태도로 승객에게 기내에서 담배를 피울 수 없음을 알려야 한다. 화장실에서 담배 피우는 승객을 발견한 경우에는 안전에 대한 충분한 설명을 통해 다시 피우지 않도록 확실히 안내해야 하며, 이후에는 세심하게 점검을 해야 한다. 또한, 승객이 나간 화장실의 안전에 이상이 없는지 최종적으로 점검을 하는 것이 좋다.

Answer

담배의 경우 기내 안전에 있어서 굉장히 위험하다고 알고 있습니다. 그래서 안전에 관한 문제라면 승객에게 정중하지만 단호하게 말씀드려야 한다고 생각합니다. 단, 무조건 안 된다는 말보다는 왜 안 되는지를 설명 드리고 모두의 안전을 위해 담배는 피우지 않으시도록 조치를 취해야 할 것 같습니다. 또한, 동료 승무원들에게도 알려 정보를 공유하고, 이후에도 세심하게 살펴 더 이상 위험한 일이 일어나지 않도록 신경 쓰겠습니다.

 Q. 터뷸런스로 기내가 흔들리는 데 승객이 화장실이 급하다고 하는 경우

Solution Guide

터뷸런스는 비행 중 기류변화로 인해 비행기가 흔들리는 것을 말한다. 가볍게 흔들리는 때도 있지만, 굉장히 심하게 흔들리는 때도 있다. 또한, 기류의 변화를 감지하지 못하는 경우 갑작스러운 흔들림이 발생할 수도 있기 때문에 항상 조심해야 한다. 우선, 터뷸런스로 인해 기내가 흔들리는 상황에서는 아무도 움직이지 않는 것이 안전하다. 화장실이 급하다고 하는 승객에게 터뷸런스로 인해 위험한 상황임을 설명하고 언제까지 지속되는지 기장님과 상의하여 승객에게 정확한 상황 안내를 하는 것이 중요하다. 또한, 심하지 않은 경우라면 사무장(객실 매니저)이나 기장과의 협의 후 승무원의 안내에 따라 움직이도록 해야 한다.

Answer

터뷸런스로 인해 기내가 흔들리는 경우, 승객의 안전에 있어서 굉장히 조심해야 하는 상황이라고 생각합니다. 그러므로 화장실을 이용하기에 있어 위험한 이유를 승객에게 충분히 설명해야 할 것 같습니다. 또한, 정확히 언제쯤 기류가 좋아지는지 확인해서 승객에게 정확한 정보를 전달하고, 그럼에도 너무 힘들어하시는 경우 사무장님께 말씀드리고 가능한 상황이라면 제가 안내해서 조심히 이용하실 수 있도록 돕겠습니다.

 Q. 승객이 체한 것 같다며 손을 따달라고 하는 경우

Solution Guide

기내에서 식사를 하고 장시간 앉아있다 보니 소화가 잘되지 않는다는 승객들을 많이 볼 수 있다. 손을 따달라고 요청하는 경우에는 실제로 손을 따거나 상처를 내는 방법보다는 소화제나 소화가 될 수 있는 다른 방법(서 있을 수 있는 공간으로 안내하는 등)으로 서비스하는 것이 적절하다. 소독되지 않은 바늘로 인한 다른 문제가 생길 수 있으므로 조심해야 한다.

Answer

승객이 소화가 잘 안 된다고 말씀하시면서 손을 따달라고 하시는 경우, 제가 함부로 손을 따는 것은 다른 문제가 생길 수도 있기 때문에 조심해야 할 것 같습니다. 대신에 기내에 준비된 소화제를 제공하거나 혹시 약을 드시는 것이 어려운 상황이라면 기내에 서 계실 수 있는 공간으로 안내해서 최대한 소화를 도울 수 있도록 노력하겠습니다. 또한, 이후에도 주기적으로 승객의 몸 상태를 살피며 도착지까지 편히 가실 수 있도록 세심하게 살피겠습니다.

D. 컴플레인

Q. 승무원의 실수로 식사를 받지 못한 승객이 있다면?

Solution Guide

특히 5열 중 가운데 승객의 식사가 빠지는 경우가 간혹 생기곤 한다. 그래서 승무원들끼리 서로 크로스체크를 하는 것이 중요한데, 승무원의 실수로 식사를 받지 못한 승객이 발생한다면 바로 사과를 드린 후 최대한 빨리 식사 서비스를 제공해야 한다. 이후 더욱 세심하게 챙겨드리는 것과 같은 실수를 반복하지 않는 것이 중요하다.

Answer

최대한 실수를 하지 않아야겠지만, 실수가 발생했다면 바로 사과의 말씀을 드리겠습니다. 그리고 최대한 빨리 식사 서비스를 제공해드리고, 더 필요한 것은 없으신지 확인하도록 하겠습니다. 또한, 이후 더욱 세심하게 잘 챙겨드려서 서비스의 부족함을 느끼지 않으실 수 있도록 신경 쓰겠습니다. 그리고 이후에는 같은 실수가 나오지 않도록 주의하겠습니다.

Q. 승객이 기내가 덥다고 불평하는 경우

Solution Guide

기내에는 적정온도가 있다. 승객마다 느끼는 온도가 다르므로 적정온도를 유지하는 것이 중요하고, 덥거나 추워하는 승객에게 따로 서비스를 제공하는 것이 필요하다. 더운 승객에게는 시원한 물이나 음료를 제공하고, 추운 승객에게는 담요나 따뜻한 음료를 제공하는 것이 적절한 방법이다.

Answer

기내가 더운 승객이 계신다면 우선 기내의 온도가 높지는 않은지 확인하도록 하겠습니다. 적정온도임에도 불구하고 더워하시는 승객분께는 시원한 물이나 음료를 제공해드리고 물티슈를 제공해서 최대한 불편함을 덜어드릴 수 있도록 노력하겠습니다.

 Q. 승객이 애완견을 운반용 용기에서 꺼내놓은 것을 보고 화가 난 승객

Solution Guide

애완견과 같이 탑승하는 경우, 운반용 케이지에 넣어야 한다. 승객 중 알레르기가 있을 수도 있기 때문에 밖으로 꺼내는 것을 주의해야 한다. 그래서 애완견을 꺼내놓은 경우 승객에게 상황을 잘 설명하고 양해를 구한 후 케이지에 넣을 수 있도록 안내해야 한다. 이때 주의할 점은 애완견을 꺼내고 싶어 하는 승객의 마음에 공감하는 것이 중요하다. 이후 화가 난 승객에게 사과의 말씀을 드리고 더 이상 같은 상황이 반복되지 않도록 주의를 기울여야 한다.

Answer

일단 다른 승객분들 중에서 알레르기가 있을 수도 있기 때문에 규정에 맞는 케이지 안에 넣어서 탑승해야 하는 것으로 알고 있습니다.

그러므로 화를 내신 승객에게 세심하게 살피지 못한 점에 있어서 사과의 말씀을 드리고 바로 조치를 취해야 할 것 같습니다. 또한, 애완견을 데리고 탑승하신 승객에게 말씀드릴 때도 애완견을 꺼내고 싶어하는 마음은 공감하지만 기내에 있는 다른 승객들을 위해 케이지 안에 넣어주실 것을 정중히 말씀드리겠습니다. 이후 같은 일이 발생하지 않도록 세심히 살피겠습니다.

Q. 출발시각 지연으로 항의하는 승객

Solution Guide

출발시각 지연의 경우 많은 승객들에게 컴플레인이 들어올 수 있다. 이런 경우에는 지연된 정확한 이유를 안내하는 것이 중요하다. 무작정 사과만 하고 끝내는 응대보다는 사과와 함께 왜 늦었는지, 얼마만큼 늦어질 것인지 정확히 확인하고 안내해야 한다.

Answer

여러 가지 이유에 의해서 지연되는 경우가 생길 수 있습니다. 하지만 승객들의 경우 이유를 알지 못하고 지연되는 경우에는 굉장히 답답하실 수 있다고 생각합니다. 그래서 이런 경우에는 사과와 양해를 구한 후 왜 지연되었는지 정확하게 안내할 수 있어야 하고, 또 이후에 언제 출발하고 언제쯤 도착하는지 확인하여 최대한 정확하게 안내해 드릴 수 있어야 할 것 같습니다.

Q. 기내 화장실이 지저분하다고 불평하는 승객

Solution Guide

화장실은 기내에서 가장 깨끗해야 하는 곳 중의 한 곳이다. 먼저 불평하는 승객에게 불편을 드려 죄송하다는 사과를 드린 후 바로 화장실을 청소해야 한다. 기내 화장실의 경우 안전과도 연관이 많기 때문에(몰래 피운 담배꽁초가 있는지, 물기로 인한 미끄러움은 없는지 항상 확인) 수시로 확인하여 청결함을 유지해야 한다.

Answer

먼저 불평하는 승객분께 사과의 말씀을 드려야 할 것 같습니다. 화장실은 기내 중 가장 청결해야 하는 곳이라고 생각합니다. 그러므로 곧바로 화장실을 깨끗하게 청소를 하겠습니다. 또한, 같은 컴플레인이 들어오지 않도록 수시로 확인하여 승객분들께서 청결한 화장실을 이용하실 수 있도록 노력하겠습니다.

Q. 기내 소음으로 잠을 잘 수 없다고 불평하는 승객

Solution Guide

먼저 기내 소음이 어떤 소음인지 확인해야 한다. 멈출 수 있는 소음이라면 멈추는 것이 가장 좋지만, 그렇지 않은 소음이라면 좌석을 바꾸거나 귀마개를 서비스하여 불편을 최소화시켜야 한다.

먼저 기내 소음으로 인해 불편을 드린 점에 대해 사과드리겠습니다. 또한, 기내 소음이 어떠한 소음인지 확인해 보겠습니다. 제가 멈출 수 있는 소음이라면 즉시 멈출 수 있도록 해야 할 것이며, 멈추지 못하는 소음이라면 좌석을 옮겨 드리거나 기내에 있는 귀마개를 제공하여 조금이나마 불편을 덜어드리도록 하겠습니다. 이후 더 불편하신 점은 없으신지 세심하게 살피겠습니다.

Q. 앞자리의 승객이 등받이를 너무 젖혀서 불편하다고 항의하는 승객

Solution Guide

여기서 알아야 할 부분은 승무원이 승객들의 등받이를 올려달라고 요청할 수 있는 상황은 이륙, 착륙 시에 행하는 안전업무와 기내식 서비스를 할 때이다. 이외에는 승객이 구매한 좌석이기 때문에 등받이를 올려달라고 요청하기 어렵다. 따라서 앞자리 승객의 등받이 때문에 불평하는 승객에게는 다른 방법(좌석을 옮겨 드리거나 항의하는 승객의 등받이도 같이 뒤로 젖혀드림으로써 공간을 확보하는 방법 등)으로 해결해야 한다.

Answer

네, 이런 경우 굉장히 조심해야 할 것 같습니다. 우선 앞뒤 승객 모두의 불편을 최소화하는 것이 중요하다고 생각합니다. 승객이 좌석을 구매한 것이기 때문에 등받이에 관해 얘기하기는 어렵다고 알고 있습니다. 그러므로 뒷좌석 승객에게 양해를 구한 후 같이 등받이를 뒤로

넘겨드려서 공간을 확보해 드리거나 빈 좌석이 있다면 옮기는 방법을
이용하여 불편을 최소화하겠습니다.

Part
6

남승무원

A. 비비크림

- 햇빛이 비치는 곳에서 얼굴에 소량을 발라 톤이 자연스러운 비비크림의 색상을 선택한다.
- 남성 비비크림은 여성용처럼 다양한 색상이 나오지 않으므로, 피부에 맞는 컬러가 없다면 여성 비비크림을 섞어 바르는 것도 좋은 방법이다.
- 비비크림을 바르는 방법은 소량만, 부분만 바른다는 것이 중요하다.
  손등에 콩알만큼 덜어내어, 볼, 이마, 코, 턱 순서대로 얼굴 안쪽에서 바깥쪽으로 펴 바른다.
- 뭉치거나 뜨는 부분이 없는지 체크한다.

B. 면도법

- 깔끔하고 깨끗한 면도 상태는 부드럽고 깔끔한 서비스인의 모습을 전달한다.
- 보습 성분이 있는 면도크림을 활용하여 피부와 면도날의 마찰을 줄이고 피부 자극을 줄여주는 것이 좋다.
- 수염은 털이 난 방향대로 위에서 아래로 면도하는 것이 좋다. 깔끔하게 면도하기 위해 반대 방향으로 면도를 하게 되면 피부에 자극을 주고 상처가 날 수 있다.
- 면도 후에는 애프터셰이브를 발라 자극받는 피부에 유·수분을 공급하는 것이 좋다.

C. Hair

- 남승무원 면접에서는 반드시 머리 염색은 피한다.

  지나친 염색은 보수적인 항공사의 조직문화와 어울리지 않으며, 많은 사람을 응대하는 서비스직에 적합하지 않다. 머리카락 색은 검은색이나 자연스러운 갈색이 적당하다.
- 항공사에서는 짧은 머리를 선호하므로, 이마를 드러내는 올백 스타일이 좋다.

  개성이 있는 모히칸 컷과 투블럭 컷은 적합하지 않다.
- 항공사 남승무원들의 헤어스타일을 관찰한 후 그들과 비슷한 이미지로 연출하는 것이 좋다. 왁스나 젤을 활용하여 깔끔하게 고정한다.

D. 복장

1. 정장

- 정장은 네이비, 차콜그레이 등이 무난하다. 승무원 면접에서는 검정 정장은 체형커버가 어렵고, 권위적인 느낌을 줄 수 있으므로 피하는 것이 좋다.
- 더블 재킷은 면접복장에 적당하지 않으며, 일반적으로 2버튼이나 3버튼 정장이 클래식하여 좋다.
- 재킷 버튼은 2버튼은 윗버튼만 채우면 되고, 3버튼은 위의 두 개 단추를 채우거나 가운데 버튼 하나만 채운다.
- 면접에서의 바지 길이는 1.5센티미터 길게 입는다. 최근 바지를 짧고 바지통을 좁게 입는 경우가 많은데, 면접에서는 가볍게 보일 수 있으므로 피하는 것이 좋다.
- 정장 주머니에는 가급적 소지품을 넣지 않는다.

2. 드레스 셔츠

· 화이트나 하늘색 셔츠를 선택한다. 화이트는 지적인 느낌을 자
  아내고 신뢰감을 주며, 하늘색 셔츠는 부드럽고 세련된 느낌을
  준다.

· 셔츠 소매는 재킷 소매보다 1.5cm 길게 입는 것이 원칙이다.

· 목둘레는 1cm 정도 큰 것으로 고르고, 셔츠 버튼을 채웠을 때
  손가락 하나가 들어갈 정도의 여유를 준다.

3. 넥타이

· 타이의 폭은 8.5cm~9.5cm 폭의 넥타이가 슈트의 격식에 적합
  하다.

· 패턴과 색상이 너무 화려하면 신뢰감이 떨어진다.

· 각 항공사 CI와 비슷한 색상을 착용하면 좋은 인상을 줄 수 있다.

· 길이는 벨트 버클 중간 정도 오는 길이가 좋다.

2 자세

남자 지원자들의 경우 바른 자세가 특히 더 중요한 이유는 자세를 통해 마음가짐을 볼 수 있고, 기내에서의 안전을 책임질 수 있는 사람인지 알 수 있기 때문에 면접 보는 내내 긴장을 놓아서는 안 된다.

평상시 꾸준한 연습을 통해 떨리는 면접장 안에서 바르고 꼿꼿한 자세를 유지할 수 있도록 해야 한다.

A. 서서 면접 보는 방법

1. 뒤꿈치를 붙인 후 발끝은 30도 정도 벌린다.
2. 무릎이 붙지는 않아도 되나 굽어지지 않도록 쫙 편다.
3. 엉덩이와 아랫배에 힘을 준다.
4. 가슴과 어깨는 일자가 되도록 쫙 펴준다.
5. 양팔은 힘을 빼고 자연스럽게 옆으로 내린다. 이때 손은 달걀 쥐듯이 동그랗게 쥐며, 엄지손가락이 바지 옆선에 갈 수 있도록 한다.
6. 고개는 턱이 들리지 않도록 몸쪽으로 살짝 당기고 정면을 바라본다. (서서 면접을 보는 경우 면접관들은 앉아 있고, 여러분들은 서서 보기 때문에 나의 정면이 아닌 면접관과의 얼굴을 마주할 수 있는 정면이어야 한다.)
7. 머리끝부터 발끝까지 일직선이 되어야 한다.

B. 앉아서 면접 보는 방법 (영어인터뷰 또는 2차 임원 면접 시 앉아서 보는 경우)

1. 등받이에 절대 기대고 앉지 않는다.

2. 허리는 꼿꼿이 펴고 앉는다.

3. 다리는 어깨너비보다 작게 벌리고, 살포시 주먹을 쥔 손을 양 무릎 위에 가지런히 올려놓는다.

4. 발 모양은 11자가 되도록 놓는다. 절대 안짱다리가 되거나 밖으로 벌어지지 않도록 주의한다.

5. 양어깨가 쫙 펴질 수 있도록 한다.

6. 어깨가 수평이 되는지 확인한다.

좋은 자세 – 앞모습

좋은 자세 – 옆모습

잘못된 자세 – 앞모습

잘못된 자세 – 옆모습

C. 워킹

1. 발이 전방을 향해 일자가 되도록 한다.

2. 무릎 사이가 많이 벌어지지 않는지 주의하며 걷는다.

3. 적당한 보폭을 유지한다.

4. 양팔은 자연스럽게 11자 평행을 이루도록 흔든다.

5. 정면을 바라봐야 하며 턱이 들리지 않도록 가슴 쪽으로 당긴 후 걸어 간다.

6. 허리는 꼿꼿하게 세우되, 상체가 너무 뒤로 젖히지 않도록 한다.

7. 상체와 고개는 흔들리지 않도록 주의한다.

D. 바른 인사

1. 인사하기 전 미소 띤 얼굴로 아이컨텍 한다.

2. 활기차고 큰 목소리로 '안녕하십니까'라고 인사한다.

3. 인사말을 마친 다음 천천히 내려간다.

4. 머리에서 엉덩이까지 굽어지지 않고 일직선인지 확인한다.

5. 잠시 멈췄다가 내려갈 때 보다 천천히 올라온다.

인사 - 앞모습

인사 - 옆모습

E. 표정

남승무원의 경우 억지스러운 미소보다는 자연스러움을 추구하는 편이다. 따라서 평상시에 자연스러운 미소를 만들기 위해 얼굴 근육을 많이 풀어주고, 자주 미소 연습을 함으로써 편안한 표정을 짓는 것이 가장 중요하다(표정 스트레칭 방법은 p.23 참고).

특히, 자연스럽게 웃기 위해선 입만 웃지 않도록 주의해야 하며, 얼굴 전체가 웃고 있는지 확인해야 한다.

스피치 연습과 미소 연습을 따로 하지 말고 같이 하면서 자연스러운 표정을 만들 수 있도록 노력하자.

3 답변

남승무원의 경우 항공사 승무원으로서 남승무원의 역할을 온전히 이해하고 있어야 한다. 남승무원의 역할은 단순한 서비스만이 아니라 승객들의 안전을 책임져야 한다. 이것을 잘 알고 있어야만 면접 답변 안에 녹여낼 수 있다.

특히, 최근 트렌드 같은 경우에는 여승무원들 사이에서 어떻게 잘 지낼 수 있는지 확인하는 질문들이 많이 나오는 편이었다.

"여자인 친구들이 있나요? 그 친구들과 어떻게 친해졌나요?"/ "여자 직원들과 친하게 지낼 수 있는 본인만의 노하우가 있다면?"/ "요리할 줄 아는 것 있나요?" 등 여승무원들과 어울릴 수 있는 성격인지를 보여 줄 수 있는 답변을 준비하는 것이 필요하다.

또한, 앞서 말했듯 부자연스러운 표정과 가식적인 답변은 면접관들이 좋아하지 않기 때문에 편안한 인상을 주는 것이 제일 중요하다. 실제로, 어떤 항공사의 면접관이 남승무원 지원자들에게 "억지로 웃으면서 말씀하지 마세요."라고 한 적이 있기에 참고하자!

남승무원에게 가장 중요한 자질은 무엇이라고 생각하나요?

Solution Guide

많은 지원자들이 남승무원으로서 가장 중요한 자질을 체력적인 부분을 얘기하는 경우가 많다. 하지만 그 내용은 모든 남승무원 지원자들이 가지고 있다고 자부할 것이다. 그러므로 체력에 대한 내용보다는 남승무원으로서 안전의식에 대한 책임감이나 여승무원들과 원활히 소통하는 방법(여승무원의 비율이 높기 때문에), 승객들에게 편안하게 다가가는 방법 등으로 어필하는 것이 좋다.

Answer

① 안전의식을 최우선으로 할 수 있는 대처능력이라고 생각합니다.
저희 항공사 비행기에 탑승하신 승객들에게 목적지까지 쾌적하고 안전하게 모셔다드리는 것이 승무원의 임무라고 생각합니다. 따라서 매일 변하는 다양한 근무환경에서도 돌발 상황에 대처할 수 있는 대처능력을 갖추는 것이 요구됩니다. 모든 승무원이 안전의식을 최우선으로 해야 하지만, 남승무원으로서 기내 보안 상황을 더욱 책임감 있게 지켜내야 한다고 생각합니다.
② 소통이라고 생각합니다.
남승무원의 경우 많은 여승무원과도 원활히 소통하는 능력이 필요하며, 승객들에게도 편하게 다가갈 수 있는 소통능력이 필요

합니다. 저는 아르바이트를 할 때도 여자 동료들이 많은 곳에서 한 경험이 있기 때문에 승무원이 되어서도 거리낌 없이 그 누구보다 편하게 다가가 소통할 수 있다고 생각하며, 평상시 친구들의 고민 상담소가 되어주는 저의 성격을 비롯해봤을 때 승객들과도 원활히 소통할 수 있는 사람이라고 생각합니다.

 군대는 어디로 다녀왔나요?

Solution Guide

여기서 면접관은 여러분들이 군대를 어디로 다녀왔는지, 단순한 출신이 궁금한 것이 아니다. 군대 생활에 있어서 어떻게 적응하고 그 시간 동안 어떤 생활을 하면서 배우고 깨달았는지가 궁금한 것이다. 그렇기 때문에 단순히 어디로 다녀왔는지만 대답하는 것이 아니라, 군 생활을 통해 배운 점, 본인의 역할 등을 구체적으로 말하는 것이 중요하다.

Answer

저는 특공대에서 군 생활을 했습니다. 다른 일반 부대보다 많은 훈련이 있었지만 그만큼 군 생활이 바쁘게 흘러갔고 기억에 남는 것들이 많이 있습니다. 특히 기억에 남는 것은 한겨울 혹한기 훈련 중 마지막인 철야 행군입니다. 평상시 걷는 것을 좋아했기에 자신 있게 시작하였지만, 생각보다 너무 춥고 완전무장을 하고 있었기에 더욱 힘들게만 느껴졌습니다. 많은 선임, 동기, 후임들마저도 힘들어 지친 상황이었습니다. 하지만 이겨내야지만 더욱 성장할 수 있다고 생각이 들었기 때문에 힘낼 수 있도록 분위기를 이끌며 끝까지 완주해낸 경험은 저에게 있어서도 잊지 못할 경험입니다.

 남승무원과 여승무원의 차이가 뭐라고 생각하시나요?

Solution Guide

서비스를 함에 있어서는 큰 차이가 없어야 한다. 안전이나 보안에 관한 문제에서도 여승무원과 남승무원 모두 협력해야 할 부분이지만, 남승무원으로서 조금 더 책임감 있는 답변을 하는 것이 필요하다.

Answer

승객의 안전과 서비스를 담당하는 승무원의 직무를 행함에 있어 차이는 없다고 생각하지만, 남승무원으로서 안전과 보안에 있어서 조금 더 책임감을 가지고 있어야 할 것 같습니다.

 승무원이 되면 동료 중 여직원들이 훨씬 많을 텐데 괜찮으신가요?

Solution Guide

아무래도 승무원의 특성상 여승무원의 인원이 훨씬 많기 때문에 남승무원으로서 적응하기 힘들다는 생각에 질문하는 경우가 많다. 망설이는 답변은 절대 금물!

Answer

직장 동료의 대부분이 여자인 직무임을 이미 인지하고 있는 부분입니다. 또한, 일함에 있어 성별로 사람을 바라보기보단 동료로서 먼저 바라보는 저의 성격을 돌아봤을 때 이 부분은 저에게 큰 영향을 주지 않는다고 생각합니다. 또한, 여성의 성비가 높은 카페에서 아르바이트한 경험으로 봤을 때도 전혀 무리 없이 즐겁게 일했기 때문에 걱정하지 않습니다.

 여자 동료와 친해지는 본인만의 방법은?

Solution Guide

위의 질문과 비슷한 맥락이다. 여승무원들이 많기 때문에 여자동료와 친해지는 방법을 물어봄으로써 동료들과 잘 지낼 수 있는 사람인지 파악 할 수 있다. 본인만의 방법이 잘 드러날 수 있도록 대답하는 것이 필요하다.

Answer

저는 카페에서 아르바이트를 한 경험이 있습니다. 그때 같이 일하는 동료들이 대부분 여자 동료들이었습니다. 그 덕분에 여성분들의 특징과 친해지는 방법을 배울 수 있었습니다. 우선, 여성분들은 이야기를 들어주는 것을 굉장히 좋아하는 걸로 알고 있습니다. 그렇기 때문에 저는 처음 친해질 때 이야기에 귀를 기울이며 공감을 함으로써 편안한 분위기를 만들기 위해 노력합니다. 그것만으로도 저를 편하게 생각해주는 여자 친구들이 많아지는 것을 느낄 수 있었습니다.

할 줄 아는 요리가 있나요? 레시피를 말해보세요.

Solution Guide

어려운 질문은 아니지만 당황스러울 수 있는 질문 중의 하나이다. 이런 경우 당황하지 않고 침착하게 말하는 것이 포인트이다. 평상시 요리를 잘 하지 않는 경우라면 면접 가기 전에 본인이 만들 수 있는 요리 하나는 만들어보는 것이 어떨까?

Answer

저는 집에서 파스타를 만들어 먹는 것을 좋아합니다. 파스타는 만들 수 있는 종류도 다양하고 만들기도 비교적 쉬워 친구들이 놀러 왔거나 가족들에게 해주기도 굉장히 좋은 요리 중에 하나라고 생각합니다. 제가 가장 좋아하는 크림파스타를 만드는 방법은 먼저 끓는 물에 올리브유와 소금을 살짝 넣고 파스타 면을 넣어 8분간 삶아줍니다. 그다음으로는 다른 팬에 버터를 넣고 기호에 따라 원하는 재료(베이컨, 양파, 마늘, 버섯 등)를 넣고 볶아줍니다. 어느 정도 익었을 때 우유와 생크림을 넣고 소금과 후추로 간을 한 다음 면을 넣고 섞어주면 완성됩니다.

 남승무원을 여승무원보다 많이 채용하지 않는 것이 성차별이라고 생각하시나요?

Solution Guide

사실 승무원들에게 있어서 서비스가 가장 중요하다고 여겨지는 시절이 있었다. 하지만 많은 일과 인식의 변화로 인해 기내의 안전이 중요시되는 현재, 남승무원의 비율을 늘려가고 있기 때문에 성차별이라고 말하는 것은 부정적인 느낌을 줄 수밖에 없다. 이런 경우 미래의 긍정적인 효과를 표현하는 답변이 좋다.

Answer

성차별이라고 생각하지 않습니다. 특히, 현재 같은 경우는 안전에 대한 의식의 변화와 중요성으로 인해 남승무원의 채용이 늘어가고 있는 것으로 알고 있습니다. 그 덕분에 남승무원으로서 안전과 서비스 모두를 중점에 둔 인재들이 많이 늘어나고 있다고 생각합니다. 이 점은 저에게 굉장히 좋은 기회로 작용할 것이라 생각합니다. 저도 남승무원으로서 근무할 수 있다면 안전과 서비스 모두 잘하는 승무원이 되고 싶습니다.

 본인보다 나이가 어린 여승무원들이 많을 텐데 어떻게 적응하실 건가요?

Solution Guide

실제로 많이 있는 일이다. 아무래도 신입 남승무원들보다 경력이 있는 여승무원의 나이가 어린 경우가 많다. 면접 때 이런 것을 견디기 힘들어하거나 적응하기 힘들어하는 모습을 보이면 합격하기 어려울 수밖에 없다. 반대로, "무조건 괜찮다."라고 하는 지원자보다는 구체적으로 사례를 들어 본인의 경험담을 통해 적응했던 일화를 이야기하는 것도 좋은 방법이다.

일하는 것에 있어서 나이는 전혀 중요하지 않다고 생각합니다. 분명 먼저 일을 하면서 실전에서 쌓은 경험과 노하우들은 제가 배워야 하는 부분이기 때문입니다. 실제로 군대에 다녀온 후 레스토랑에서 아르바이트했을 때 저보다 어린 선배들이 대부분이었지만, 그분들에게 일을 배우는 과정에서 능력을 인정하고 따라간 결과 분위기가 굉장히 좋았고, 다들 즐겁게 서로 도와가며 일할 수 있었습니다. 항공사에서도 마찬가지라고 생각합니다. 선배의 나이를 생각하지 않고 능력을 인정하며 배우고 적응하겠습니다.

 체력관리 어떻게 하고 계신가요?

Solution Guide

여승무원 면접 때에도 많이 나오는 질문 중의 하나이다. 남승무원의 경우 체력이 기본적인 바탕이라고 생각하는 경우가 대부분이기 때문에 단순히 헬스를 한다, 수영을 한다는 답변보다는 구체적으로 말하는 것이 좋다. 또한, 승무원이 되면 규칙적인 시간에 운동하기 힘들기 때문에 매일 규칙적으로 생활한다는 답변은 공격대상이 될 수 있다. 예를 들어, "승무원은 스케줄이 불규칙해서 평상시 규칙적으로 생활할 수 없는데 어떻게 하실 건가요?"라는 질문을 받을 수 있으니 시간 나는 틈틈이 체력관리 하는 것을 어필하는 답변이 좋다.

Answer

모든 일에는 체력이 뒷받침되어야 한다고 생각합니다. 그래서 학창

시절부터 체력관리를 꾸준히 해오고 있습니다. 먼저 잘 먹는 것이 최우선이라고 생각하여 영양관리에 신경 쓰며, 따로 시간을 빼는 것도 중요하지만 틈틈이 시간이 날 때마다 홈 트레이닝을 통해 근력운동을 하려고 노력하고 있습니다. 덕분에 군대에서 팔씨름 전국 2등을 할 정도로 근력이 좋습니다.

 기내에서 꿈에 그리던 이상형을 만났다면?

Solution Guide

기내에서 꿈에 그리던 이상형을 만난다는 것은 굉장히 설레는 일일 수 있다. 하지만 업무 중인 상황과 모든 승객에게 동일한 서비스를 해야 하는 승무원으로서의 모습을 보여주는 것이 필요하다.

Answer

사실 꿈만 같은 일이라 너무 좋을 것 같다는 생각이 들지만, 그래도 현재 근무 중임을 잊지 않고 기내에서 개인적인 감정 표현을 최대한 절제하여 업무에 집중하도록 노력할 것입니다.

부 록

1. 국내 항공사 영어 기출문제

1) Warming-Up 질문

- What are your weak points?
- Do you have many friends?
- When you make friends, do you choose friends who are different from you or similar to you?
- What is the most important in true friendship?
- Can you describe on of your best friends?
- Have you read the news recently?
- What is the biggest headline news these days?
- What have you read?
- What kind of movies do you like?
- Have you watched a movie recently?
- What is the most impressive movie you've ever seen?
- What foods do you like?
- Can you recommend any good restaurants that are located near your place?
- Do you like to go shopping?
- How often do you go?
- Where do you go shopping?
- Why do you always to go shopping there?
- Do you like to go shopping with others or alone?

- Do you have a boyfriend?
- How long have you dated?
- What do you do when you meet with your boyfriend?
- How many members are in your family?
- What has been your biggest success in life?
- Can you tell me about a time when you showed leadership skills?
- What kind of animal(music, books, sports) do you like best?
- How do you think people will remember you?
- If you could meet any music star, who would you like to meet?
- Do you eat spontaneously or by a plan?
- Do you see yourself as being a competitive person?
- What seems to anger you the most and why?
- What is your favorite style of book to read?
- Tell me about your personality.
- What kind of people do you like?

2) 건강/스트레스에 관한 질문

- Do you think you are healthy?
- What's your favorite sports?
- Can you swim? Do you go swimming often?
- What food would be good for your health?
- What sports do you like?
- How do you handle your stress?

3) 여행에 관한 질문

- Have you ever been abroad?
- Where have you been?
- Why did you go there?
- What did you do there?
- Which cities were the best you've been to so far?
- How different are they than korean?
- Have you ever been in a difficult situation while traveling?
- Can you tell me about Je-ju Island?
- Do you have any vacation plans this summer?
- If you became a flight attendant, where would you like to go flight? And why?
- Do you prefer traveling alone or with others?

4) 회사/객실승무원 직업에 관한 질문

- Tell me what you think a job is.
- Have you ever applied to our company?
- If yes, why do you think that you failed to get a job?
- Why did you apply to our company?
- Are you interviewing with any other companies?
- To become a flight attendant, how have you prepared for this interview?
- There are so many applicants, why should I hire you of

all people?

- What do you know about our company?
- What do you think about the uniform of Korean Airline?
- Do you know how many cities we serve?
- What are some advantages and disadvantages of becoming a flight attendant?
- What kind of flight attendant would you like to be?
- What are some important characteristics of becoming a flight attendant?
- Do your parents want you to become a flight attendant?
- Which one is more important: safety or good service?
- How long will you work at our company?
- What will you work at our company?
- What will you do in 10 years? What do you expect to be doing in 10 years?
- What do you do for a living?
- Can you tell me about your working experience?
- Can you tell me about a time you had to deal with a difficult customer?
- Do you have any expectations in terms of your salary?
- Do you have any expectations about future promotions or a possble pay raises?
- Do you have any particular conditions that you would like the company to take into consideration?
- How do you think the working conditions will be here?
- How would you get to work?

- I'd like to hear about your visions for your future.
- Describe your ideal career.
- What are some of your career objectives?
- In order to succeed in this field, what kind of personal attributes would an emoloyee need to have?
- Do you consider the kind of work that you do more important than the amount of money you get paid for that work?
- What do you do when you make a mistake at work?

5) Role-playing

- If a passenger smokes on the air plane, how can you handle hem/her?
- If a baby keeps crying, what would you do?
- How can you recognize a passenger who is angry?
- If a drunken passenger keeps requesting more alcohol, what would you do?
- If you knew you were dying in a month, what would you do before?
- What would you do if an economy-class passenger asks for the first class meal?
- If the passenger complaints that it's really hot in the aircraft, what would you do?
- If there is a bomb threat, how would you feel? How would

you handle yourself?

- If a passenger wants do change his/her seat to first class, what would you do?
- If a passenger asks you on a date, what would you do?
- If you have some tension with your senior, how can you handle it?
- What do you think are some difficult problems working with foreign passengers?
- How can you explain bi−bim−bop? Can you explane how to eat it?
- If as passenger keeps touching your butt, what would you do?
- There could be a lot of emergency situations on airplanes, how can you handle them?
- If a passenger takes a blanket, what would you do?
- When you get your first paycheck, what would like to do with this money?
- What would be your reaction toward an angry passenger? And why?

1) 이륙 전 기내방송

① Baggage Securing

'Baggage Securing' 방송은 승객들이 항공기에 탑승하여 좌석 안내와 수화물 보관법을 안내하는 방송이다. 승객들이 처음 탑승하여 어수선한 가운데에 진행해야 하는 방송이지만, 중요한 정보를 전달하는 첫 방송이므로 명확하고 차분하게 방송하여 정확한 의사전달을 하자.

손님 여러분,

(목적지)까지 가는 저희 ○○ 항공(편명) 편을 이용해 주셔서 감사합니다.

안전한 여행을 위해, 갖고 계신 짐은 앞 좌석 아래나 선반 속에 보관해 주시기 바랍니다.

Ladies and gentlemen,/

[선택1] Welcome aboard ○○ Air flight(편명)/ bound for(목적지).

[선택2] Thank you for flying with us today./ This is ○○ Air flight(편명)/ bound for ○○.

For your safety,/ Please place your carry on items/ in the overhead bins/ or under the seat/ in front of you.

Thank you.

② Preparation for Departure

승객의 탑승이 거의 완료된 후, 항공기 출입문을 닫기 직전에 하는 방송이다.

항공기 출입문을 닫기 전에 다시 한번 승객들의 목적지와 편명을 최종적으로 확인하는 것을 목적으로 하며, 수화물 보관방법, 출발을 위한 지정 좌석 착석 및 좌석벨트 착용에 대한 정보를 담고 있다.

손님 여러분,

(환승지를 거쳐)(목적지)까지 가는 ○○ 항공(편명), 잠시 후에 출발하겠습니다.

갖고 계신 짐은 앞 좌석 아래나 선반 속에 보관해 주시고, 지정된 자리에 앉아 좌석벨트를 매 주시기 바랍니다. 감사합니다.

Ladies and gentlemen,/

This is ○○ Air flight(편명)/ bound for(목적지).

We are now just(a few/~) minutes away/ from an on time departure.

Please make sure/ that your carry on items are stored/ in the overhead bin/ or under the seat/ in front of you.

Also,/ please take your assigned seat/ and fasten your seat belt.

Thank you.

③ Welcome

　Welcome 방송은 승객의 탑승을 환영하는 방송으로 밝고 활기찬 느낌을 전달하는 것이 중요하다. 대한항공은 승무원들이 일제히 Welcome 방송 도입 부분에 정중하게 인사를 드린다. 감사와 환영의 느낌이 잘 전달 될 수 있도록 목소리를 연출하는 것이 이 방송문의 중요 핵심이다.

　[선택1] 소중한 여행을 저희 ○○ 항공과 함께 해 주신 손님 여러분, 안녕하십니까?
　스카이팀 회원사인 저희 ○○ 항공은 여러분의 탑승을 진심으로 환영합니다.

　[선택2] 손님 여러분 안녕하십니까? 오늘도 변함없이 스카이팀 회원사인 저희 ○○ 항공을 이용해 주신 여러분께 깊은 감사를 드립니다.
　이 비행기는 (목적지)까지 가는 ○○ 항공(편명)입니다.
　목적지인 (목적지)까지 예정된 비행시간은 이륙 후 ( )시간 ( )분입니다.
　오늘 (이름) 기장을 비롯한 저희 승무원은 여러분을 정성껏 모시겠습니다.
　출발을 위해 좌석벨트를 매주시고 등받이와 테이블을 제자리로 해주십시오.
　그리고 휴대전화 등 전자기기는 무선통신 기능이 꺼진 상태에서 사용하실 수 있으며, 노트북 등 큰 전자기기는 좌석 하단 또는 기내 선반에 보관해 주시기 바랍니다.
　계속해서 여러분의 안전한 비행을 위해, 잠시 화면(승무원)을 주목해 주시기 바랍니다.
　오늘 (이름) 기장을 비롯한 저희 승무원들은 여러분을 정성껏 모시겠습니다.

출발을 위해 좌석벨트를 매주시고 등받이와 테이블을 제자리로 해주십시오.

그리고 휴대전화 등 전자기기는 무선통신 기능이 꺼진 상태에서 사용하실 수 있으며, 노트북 등 전자기기는 좌석 하단 또는 기내 선반에 보관해 주시기 바랍니다.

계속해서 여러분의 안전한 비행을 위해, 잠시 화면(승무원)을 주목해 주시기 바랍니다.

Good morning(afternoon, evening)./ ladies and gentlemen.

[선택1] Captain(Family Name) and the entire crew/ would like to welcome you on board/ ○○ Air./ a Sky Team member.

[선택2] Captain(Family Name) and all of our crew member/ are pleased to wel-come you on board/ ○○ Air./ a member of Skyteam Alliance.

This is flight ○○/ bound for ○○.

Our flight time today will be/ ○○ hour(s) and ○○ minute(s)/ after take off.

During the flight,/ our cabin crew will be happy to serve you/ in any way we can.

To prepare for departure,/ please fasten your seatbelt/ and return your seat and tray table/ to the upright position.

And please direct your attention for a few minutes/ to the video screens(cabin crew)/ for safety information.

2) 이륙 후 기내방송

① Seat Belt Sign Off

'Seat Belt Sign Off' 방송은 항공기가 적정 고도에 도달하여 순항할 수 있는 상황에서 시행된다. 승객들은 이륙 후 이 시점을 기점으로 기내서비스가 진행됨을 인식하며, 이 방송의 주요 내용은 좌석벨트 상시 착용과 금연 안내, 기타 항공정보 제공을 위해 항공사 상용고객 우대 제도와 기내지 소개 등을 한다.

손님 여러분,

방금 좌석벨트 표시등이 꺼졌습니다.

그러나 비행기가 갑자기 흔들리는 경우에 대비해 자리에서는 항상 좌석벨트를 매시기 바랍니다.

그리고 선반을 여실 때는 안에 있는 물건이 떨어지지 않도록 조심해 주십시오.

아울러, 여행하신 누적 거리에 따라 다양한 혜택을 드리는 ○○ 항공의 스카이패스에 대한 정보는 기내식 모닝캄을 참고해 주시고, 회원가입을 원하시는 분은 승무원에게 말씀해 주시기 바랍니다.

[A380 기종 운항 시]

아울러, 이 비행기의 1층 뒤쪽에 마련된 면세품 전시공간에서는 다양한 상품들을 언제든지 직접 보고 안내받으실 수 있습니다.

하늘 위에서 즐겁고 편리한 쇼핑 하시기 바랍니다.

감사합니다.

Ladies and gentlemen,/

the captain has turned off the seatbelt sign.

In case of any fastened/ at all times while seated.

Please use caution/ when opening the overhead bins/ as the contents may fall out.

Also,/ we would like to extend a special welcome/ to our Sky Pass members.

Sky pass is a ○○ Air's frequent flyer program/ which offers a wide range of benefits.

If you wish to join,/ please ask our cabin crew.

For more information about service available in this flight,/ please refer to the Morning Calm magazine/ in your seat pocket.

Thank you.

② 서비스 순서 안내

제공되는 식사 종류, 두 번째 식사 시간의 제공시간, 기내 판매시간 등 당일 제공되는 기내서비스의 자세한 설명을 한다.

손님 여러분,

(목적지)까지 가시는 동안 제공되는 서비스에 대해 안내해 드리겠습니다.

잠시 후 음료와 아침(점심/저녁/간단한) 식사를 드리겠습니다.

식사 후에는 면세품을 판매하겠습니다.

그리고, 도착( )시간 ( )분 전에 음료와 아침(점심/저녁/간단한) 식사를 드리겠습니다.

즐겁고 편안한 여행이 되시기 바랍니다.

Ladies/ and gentlemen,/

We would like/ to briefly inform you/ about our service today.

We will start our in-flight service/ beginning with drinks,/ and (breakfast/lunch/dinner/a light meal) with follow.

And,/ approximately,( )hour(s) ( )minutes/ before landing, (breakfast/lunch/dinner/a light meal) will be served.

Thank you for/ choosing ○○ Air,/ have a pleasant flight.

③ In-Flight Sales

주로, 식사 서비스 제공 후 진행되는 기내 판매 안내방송문이다.

주요 내용은 면세 가격의 판매, 구입 방법, 면세품 판매 안내지 소개, 사전주문제 홍보, 귀국편 예약주문제도 안내, 구매 가능 화폐, 도착지의 면세 허용량 등의 정보를 담고 있다.

손님 여러분

○○ 항공에서는 우수한 품질의 다양한 면세품들을 판매하고 있습니다.

구매를 원하시는 분은 판매 카트가 지나갈 때 말씀하시기 바랍니다.

기내 면세품 사전 주문서를 작성하시면 편리하게 면세품을 구매하실 수 있으며, 미화 200불 이상의 면세품을 사전 주문하시는 분께는 사은품 증정 행사를 실시하고 있음을 알려드립니다.

또한, 환승 시 액체류 물품은 보안상의 이유로 기내반입에 제한을 받을 수 있으니 구매를 원하시는 분은 승무원의 안내를 받으시기 바랍니다.

Ladies and gentlemen,

Our in-flight duty sales have started/ and you may now purchase duty free items/ or order items/ for your return flight.

Passengers transferring from ○○/ should contact with cabin crew/ when purchasing duty free liquor items.

For more information,/ please refer to the Sky Shop magazine/ in your seat pockert.

If your need any assistance,/ our cabin crew is happy to help you.

④ Turbulence

운항 중 갑작스러운 난기류의 발생으로 기체가 흔들리는 현상을 Turbulence라고 한다. 이 방송은 승객의 안전과 직접적인 관련이 있으므로, 즉각적인 방송이 필요하다.

기내방송의 규정상, 정확한 전달을 위해 완벽하게 암기하여 방송이 이루어질 수 있어야 하며, 탑승한 모든 승무원이 항상 이 방송을 준비해야 한다.

이 방송문은 다른 방송문과는 달리 친절보다는 명확하고 정확하게 전달이 이루어져야 하며, Turbulence의 지속시간에 따라 추가적인 방송을 하기도 한다.

[Turbulence 1차]

　　손님 여러분,

　　A: 비행기가 흔들리고 있습니다.

　　B: 기류가 불안정합니다.

　　좌석벨트를 매주시기 바랍니다.

[Turbulence 2차]

　　안내 말씀드리겠습니다.

　　우리 비행기는 기류가 불안정한 지역을 지나고 있습니다. 좌석벨트 표시 등이 꺼질 때까지 자리에서 잠시만 기다려 주시기 바랍니다.

[Turbulence 1차]

　　Ladies and gentlemen,/

　　We are experiencing some turbulence.

　　Please return to your seat/ and fasten your seatbelt.

[Turbulence 2차]

　　Ladies and gentlemen,/

　　We are continuing to experience the turbulence.

　　For your safety,/ please remain seated/ with your seatbelt fastend.

　　Thank you.

3) 착륙 전 기내방송

① Arrival Information: Korea

목적지 내리기 전 도착을 준비하는 시점에 하는 방송으로, 입국심사에 필요한 서류 작성에 도움을 드리고자 실시하게 된다. 국가별 상이한 면세 관련 기준, 출입국 관련 정보를 전달한다.

안내 말씀드리겠습니다.

대한민국에 입국하시는 손님 여러분께서는 입국에 필요한 휴대품 신고서를 다 쓰셨는지 확인해 주십시오. 그리고 미화 만 불 이상, 또는 이에 해당하는 외화를 지니셨거나 미화 600불 이상의 물품을 구입하신 분은 그 내용을 휴대품 신고서에 반드시 신고해 주시기 바랍니다.

여행자 휴대품은 세금 사후 납부제도를 이용하실 수 있으며, 신고하지 않을 경우 가산세가 부과됨을 알려드립니다.

또한, 구제역 확산 방지를 위해 해외에서 가축 농장을 방문하셨거나 축산물을 가져오신 분은 가까운 검역기관에 신고해 주시기 바라며, 축산관계인은 사전에 세관신고서를 작성하시고, 입국심사를 받으신 후 검역기관의 소독조치를 받아주시기 바랍니다.

Ladies and gentlemen,/

All passengers entering into Korea/ are requested to have your entry docu-ments ready.

If you are carrying foreign currency/ more than 10,000 US dollars,/ or if you acquired more than 600 US dollars/ worth of articles abroad,/ please declare them/ on the customs form.

Thank you.

② Headphone Collection

승객이 비행 중 사용한 기내용품을 회수하겠다는 방송문이다. 협조를 구하는 느낌을 담아 친절하게 방송한다.

안내 말씀드리겠습니다.

지금부터 헤드폰과 잡지를 회수하겠습니다.

[일반] 그리고 사용하신 담요는 기내 비치품이니, 승무원이 정리할 수 있도록 좌석 앞주머니 속에 넣어주시기 바랍니다.

[환승구간] 계속해서 (목적지)까지 가시는 손님께서는 헤드폰과 사용하신 담요를 좌석 앞주머니 속에 보관하시기 바랍니다.

손님 여러분의 협조를 부탁드립니다.

Ladies and gentlemen,/

Our cabin crew will be coming through the cabin/ to collect your headphones.

Also,/ We ask you/ to please leave your blanker/ in your seat pocket.

Thank you for your cooperation.

③ Approaching

항공기가 목적지 공항에 도달하기 전 'approaching'하는 것을 승객에게 알리는 방송문이다. 수화물 보관방법, 좌석벨트 착용, 전자기기 사용금지내용 등의 내용을 포함한다.

손님 여러분,

우리 비행기는 약 20분 후, (목적지) 국제공항에 도착하겠습니다.

꺼내놓은 짐들은 앞 좌석 아래나 선반 속에 다시 보관해 주십시오.

착륙준비를 위해(음료/식사 서비스/면세품 판매)를 중단하겠으니, 양해해 주시기 바랍니다.

Ladies and gentlemen,/

We are approaching ○○ international airport.

At this time,/ We ask you/ to please stow your carry on items/ in the over-head bins/ or under the seat/ in front of you.

Thank you for your cooperation.

④ Landing

안전한 착륙을 위해 안내사항들을 전달하는 방송문이다. 전자기기 사용금지, 승객 좌석 정위치, 좌석벨트 착용, 창문 덮개 정위치 등의 기내 안전에 관한 내용을 담고 있다.

손님 여러분, 이 비행기는 곧 착륙하겠습니다.

좌석 등받이와 발 받침대, 테이블을 제 자리로 해주시고, 좌석벨트를 매주십시오.

창문 덮개는 열어 두시기 바라며, 노트북 등 큰 전자기기는 좌석 하단 또는 기내 선반에 보관해 주시기 바랍니다.

감사합니다.

Ladies and gentlemen,/

We will be landing shortly.

Please fasten your seat belt,/ return your seat and tray table/ to the upright position,/ and open your window shades.

Also,/ Please discontinue/ the use of electronic devices/ until the captain has turned the seat belt sign.

Thank you.

4) 착륙 후 기내방송

① Farewell

Farewell 방송은 항공기 착륙 후 실시하는 방송문으로, 목적지 공항, 도착 날짜와 날씨, 현지 기온, 탑승 감사 인사 등을 그 내용으로 한다. 마지막 방송인만큼, 감사와 안녕의 인사를 담아 정성스럽게 방송한다.

손님 여러분, 우리 비행기는 (목적지)에 도착했습니다.

(지연 시): (지연이유) 관계로 도착이 예정보다 늦어졌습니다.

지금 이곳은 (숫자)월 (숫자)일 오전/오후 (숫자)시 (숫자)분이며, 기온은 섭씨 (숫자)도입니다.

여러분의 안전을 위해, 비행기가 완전히 멈춘 후 좌석벨트 표시등이 꺼질 때까지 자리에서 기다려 주십시오.

선반을 여실 때는 안에 있는 물건이 떨어질 수 있으니 조심해 주시고,

내리실 때는 잊으신 물건이 없는지 다시 한번 확인해 주시기 바랍니다.

오늘도 여러분의 소중한 여행을 스카이팀 회원사인 ○○ 항공과 함께 해주셔서

대단히 감사합니다. 저희 승무원들은 앞으로도 한 분 한 분 특별히 모시는 마음으로 고객 여러분과 늘 함께할 것을 약속드립니다.

Ladies and gentlemen,/

We have landed at ○○ international airport.

The local time is now ○○ am/pm(month)(date),/and the temperature is ○○ degrees celsius/ or ○○ degrees fahrenheit.

[선택1] Thank you for choosing ○○ Air,/ a member of the Sky team Alliance/ and we hope to see you again soon/ on your next flight.

[선택2] Thank you for being our guests today.

We hope that/ if future plans call for air travel,/ you will consider ○○ Air,/ a member of Sky Team Alliance,/ for all your travel needs.

Thank you.

Check List

면접 전 체크리스트를 통해 최종 점검하기!

분 류	내 용		
용모 복장	1. 잔머리가 나오지 않도록 고정하여 깔끔한 Hair-do를 하고 있나요?		
	2. 얼굴형과 어울리는 머리를 하고 있나요?		
	3. 본인과 어울리는 색조 화장을 하고 있나요?		
	4. 화장이 너무 약하거나 과하지는 않나요?		
	5. 복장이 전체적으로 깔끔함을 유지하고 있나요?		
자세	1. 손의 위치가 적절히 유지되고 있나요?		
	2. 전체적으로 꼿꼿한 바른 자세를 유지하고 있나요?		
	3. 무릎이 떨어지지 않고 안정감 있는 자세를 유지하고 있나요?		
표정	1. 밝은 표정으로 미소 짓고 있나요?		
	2. 말하는 동안에도 밝은 미소를 유지하고 있나요?		
	3. 아이 컨텍이 잘 이루어지고 있나요?		
	4. 다른 사람이 말하는 동안에도 표정 유지가 되고 있나요?		

면접 내용	1. 또박또박 의사를 잘 전달하고 있나요?		
	2. 내용이 질문을 벗어나지는 않나요?		
	3. 너무 짧게, 혹은 너무 길게 말하고 있지는 않나요?		
	4. 줄임말, 외래어, 신조어를 사용하지는 않나요?		
	5. 본인의 스토리가 잘 드러나게 말하고 있나요?		

참 고

대한항공 홈페이지
아시아나항공 홈페이지
제주항공 홈페이지
이스타항공 홈페이지
에어부산 홈페이지
진에어 홈페이지
에어서울 홈페이지
티웨이항공 홈페이지

김영란 외 지음, 『프로페셔널 이미지메이킹』, 경춘사
오세희 지음, 『오세희의 스타일 메이크업』, 성안당
황정선 지음, 『스타일리시한 여자와 일하고 싶다』, 황금부엉이
황정선 지음, 『내 남자를 튜닝하라(Men's Image Tuning)』, 황금부엉이
임유정 지음, 『면접의 99%는 스토리텔링이다』, 원앤원북스
지수현 지음, 『스펙을 이기는 이미지』, 양문

보이드 바이 박철 할인권
구독자분들을 위한 특별한 할인 혜택

보이드 바이 박철 할인권

여자 220,000원 → 88,000원
남자 110,000원 → 55,000원

헤어- 채원 부원장, 메이크업- 소은 원장
TEL: 010-7109-9986(채원 부원장)
위치: 서울 강남구 도산대로67길 19

* 본 할인권은 재사용 가능합니다. *

memo

☐

☐

☐

☐

승무원
인터뷰

펴 낸 날   2018년 7월 4일

지 은 이   오유리, 양지인
펴 낸 이   최지숙
편집주간   이기성
편집팀장   이윤숙
기획편집   최유윤, 이민선, 정은지
표지디자인   최유윤
책임마케팅   임용섭
펴 낸 곳   도서출판 생각나눔
출판등록   제 2008-000008호
주   소   서울 마포구 동교로 18길 41, 한경빌딩 2층
전   화   02-325-5100
팩   스   02-325-5101
홈페이지   www.생각나눔.kr
이 메 일   bookmain@think-book.com

• 책값은 표지 뒷면에 표기되어 있습니다.
  ISBN 978-89-6489-869-7 (13320)

• 이 도서의 국립중앙도서관 출판 시 도서목록(CIP)은 서지정보유통지원시스템 홈페이지
  (http://seoji.nl.go.kr)와 국가자료공동목록시스템(http://www.nl.go.kr/kolisnet)에서
  이용하실 수 있습니다(CIP제어번호: CIP2018019426).